11	12	13	14	15	16	17	18
							2 He HELIUM 4.003 S. 24
		5 B BOR 10.81 S. 27	6 C KOHLENSTOFF 12.011 S. 28	7 N STICKSTOFF 14.007 S. 30	8 O SAUERSTOFF 15.999 S. 32	9 F FLUOR 18.998 S. 34	10 Ne NEON 20.180 S. 35
		13 Al ALUMINIUM 26.982 S. 39	14 Si SILIZIUM 28.085 S. 42	15 P PHOSPHOR 30.974 S. 43	16 S SCHWEFEL 32.06 S. 45	17 Cl CHLOR 35.45 S. 46	18 Ar ARGON 39.95 S. 48
29 Cu KUPFER 63.546 S. 68	30 Zn ZINK 65.38 S. 69	31 Ga GALLIUM 69.723 S. 70	32 Ge GERMANIUM 72.630 S. 71	33 As ARSEN 74.922 S. 72	34 Se SELEN 78.971 S. 73	35 Br BROM 79.904 S. 74	36 Kr KRYPTON 83.798 S. 76
47 Ag SILBER 107.868 S. 89	48 Cd CADMIUM 112.414 S. 90	49 In INDIUM 114.818 S. 91	50 Sn ZINN 118.710 S. 92	51 Sb ANTIMON 121.760 S. 93	52 Te TELLUR 127.60 S. 94	53 I IOD 126.904 S. 95	54 Xe XENON 131.293 S. 96
79 u GOLD 196.967 S. 115	80 Hg QUECKSILBER 200.592 S. 116	81 Tl THALLIUM 204.38 S. 118	82 Pb BLEI 207.2 S. 119	83 Bi BISMUT 208.980 S. 120	84 Po POLONIUM (209) S. 121	85 At ASTAT (210) S. 122	86 Rn RADON (222) S. 122
111 g ENTGENIUM (282) S. 136	112 Cn COPERNICIUM (285) S. 136	113 Nh NIHONIUM (286) S. 136	114 Fl FLEROVIUM (289) S. 136	115 Mc MOSCOVIUM (289) S. 136	116 Lv LIVERMORIUM (293) S. 136	117 Ts TENNESS (294) S. 136	118 Og OGANESSON (294) S. 136
5 b TERBIUM 158.925 S. 104	66 Dy DYSPROSIUM 162.500 S. 105	67 Ho HOLMIUM 164.930 S. 105	68 Er ERBIUM 167.259 S. 106	69 Tm THULIUM 168.934 S. 106	70 Yb YTTERBIUM 173.045 S. 107	71 Lu LUTETIUM 174.967 S. 107	
97 Bk ERKELIUM (247) S. 133	98 Cf CALIFORNIUM (251) S. 133	99 Es EINSTEINIUM (252) S. 134	100 Fm FERMIUM (257) S. 134	101 Md MENDELEVIUM (258) S. 136	102 No NOBELIUM (259) S. 136	103 Lr LAWRENCIUM (266) S. 136	

DIE ILLUSTRIERTE ENZYKLOPÄDIE DER

ELEMENTE

ENTDECKE DIE BAUSTEINE
UNSERES UNIVERSUMS

LISA CONGDON

DIE ILLUSTRIERTE ENZYKLOPÄDIE DER ELEMENTE

ENTDECKE DIE BAUSTEINE UNSERES UNIVERSUMS

LISA CONGDON

AUS DEM AMERIKANISCHEN ENGLISCH VON
ROBERT A. WEISS UND GERLINDE SCHERMER-RAUWOLF

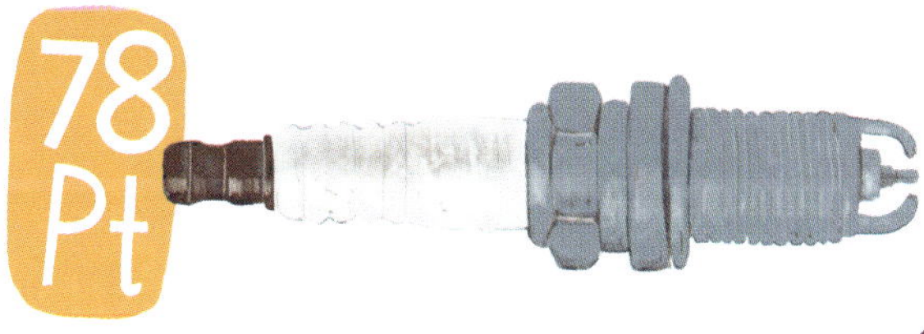

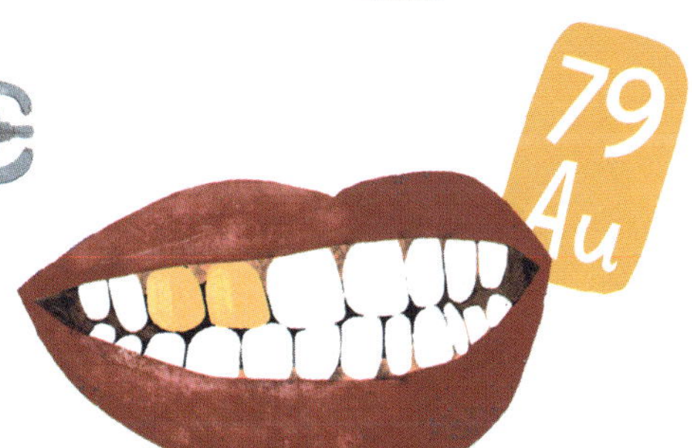

Der Verlag HELVETIQ wird vom Bundesamt für Kultur mit einem Strukturbeitrag für die Jahre 2021–2025 unterstützt.

Die illustrierte Enzyklopädie der Elemente
Entdecke die Bausteine unseres Universums

Original title: The Illustrated Encyclopedia of the Elements –
The Power, Uses, and Histories of every Atom in the Universe
Text and illustrations by Lisa Congdon

First published in English by Chronicle Books LLC, San Francisco, California.

Text und Illustrationen: Lisa Congdon
Satz und Layout: Lisa Congdon und Ewelina Proczko
Übersetzung aus dem amerikanischen Englisch: Robert A. Weiß, Gerlinde Schermer-Rauwolf
Lektorat: Myriam Sauter
Korrektorat: Ulrike Ebenritter

ISBN: 978-3-039640-22-5
1. Auflage: Oktober 2023
Hinterlegung eines Pflichtexemplars in der Schweiz: Oktober 2023
Gedruckt in der Slowakei

FSC www.fsc.org MIX Aus verantwortungsvollen Quellen FSC® C023577

Mittlere Straße 4
CH-4056 Basel
Schweiz

HELVETIQ helvetiq.com

FÜR MEINE SCHWESTER STEPHANIE,
OHNE DIE ES DIESES BUCH NICHT GÄBE.
ES IST EBENSO DEINES WIE MEINES.
ICH LIEBE DICH. – L. C.

INHALT

EINLEITUNG

Als kleines Mädchen saß ich oft am Küchentisch und schaute meinem Vater beim Arbeiten zu. Nach dem Essen schrieb er gern Gleichungen auf Millimeterpapier. Ich wusste, dass er Wissenschaftler war, aber die in säuberlicher Handschrift verfassten Gleichungen waren alles, was ich von seiner Arbeit als Physiker mitbekam. So faszinierend ich das damals fand, schien mir Wissenschaft doch etwas Geheimnisvolles und Kompliziertes zu sein. Erst mit Anfang zwanzig, als ich Grundschullehrerin war und Kinder unterrichtete, wurde Wissenschaft für mich etwas Lebendiges. Es machte mir Spaß, meinen Schülerinnen und Schülern etwas über die chemischen Elemente beizubringen, aus denen unser Universum besteht. Jetzt, Jahre später, da ich nicht mehr unterrichte, sondern als Künstlerin arbeite, bietet mir dieses Buch die Möglichkeit, mein Interesse an Wissenschaft mit meiner Liebe zum Zeichnen zu kombinieren und Kindern wie Erwachsenen gleichermaßen die Elemente des Periodensystems nahezubringen. In der Kunst wie auch in der Wissenschaft ist Kreativität gefragt. Beides erfordert Offenheit für Neues und eiserne Disziplin. Beides zwingt uns, mit unseren Ideen in einem Bereich zu experimentieren, wo Kopf und Hand zusammenarbeiten. Künstler wie Wissenschaftler dringen tief in ihr jeweiliges Gebiet ein, sie befassen sich beispielsweise gründlich mit dem Menschen, mit Kultur, Zeitgeschichte, Religion oder Mythologie. Und dieses Forschen und Erforschen ermöglicht es uns, unsere Erkenntnisse dann in etwas Neues zu verwandeln.

Das Periodensystem ist ein Katalog von allem Stofflichen auf der Welt. Alles, was wir anfassen, essen, trinken und atmen, besteht aus chemischen Elementen. Manche davon sind uns so vertraut, dass sie in unsere Alltagssprache eingegangen sind, etwa wenn wir etwas »goldrichtig« oder »bleischwer« finden. Andere Elemente wiederum, beispielsweise Yttrium, Antimon oder Moscovium, sind den meisten von uns so unbekannt, dass wir weder ihre Namen kennen noch etwas über ihre Eigenschaften wissen.

Auf den ersten Blick sieht das Periodensystem der Elemente vielleicht nach einer öden, langweiligen Tabelle aus. Und wenn man es nur als eine Reihe von Kästchen betrachtet, ist es das auch. Doch sobald man sich näher damit beschäftigt, stellt man fest, dass es überhaupt nicht langweilig ist, und auch nicht willkürlich oder geheimnisvoll, wie ich früher dachte. Denn die Anordnung in der Tabelle ergibt sich aus den bekannten Tatsachen darüber, wie alle Materie auf der Erde aufgebaut ist, angefangen bei winzigen Atomen und den noch winzigeren Protonen, Neutronen und Elektronen.

Von wenigen Ausnahmen abgesehen, haben fast alle Elemente des Periodensystems einen Nutzen für uns Menschen. Sogar einige der giftigsten und gefährlichsten Elemente spielen eine wichtige Rolle in unserem Leben. Manche Elemente halten unsere Körperfunktionen aufrecht. Andere können tödliche Krebszellen vernichten und uns dabei helfen, gefährliche Krankheiten zu erkennen. Wieder andere werden aus Gestein gewonnen und beim Bau von Brücken, Häusern oder Flugzeugen eingesetzt. Und ständig entwickeln wir neue Methoden, wie wir die Elemente in Technologien, im Gesundheitswesen und bei der Erzeugung von Energie, die unsere Welt am Laufen hält, nutzen können.

Wenn du jemand bist, der gern nach dem *Wie* und *Warum* fragt, dann bist du eigentlich schon ein Wissenschaftler oder eine Wissenschaftlerin. In diesem Buch machst du Bekanntschaft mit den faszinierenden und oft sehr vielseitigen Elementen unserer Welt; du erfährst, welche Eigenschaften und welche Bedeutung sie für uns haben, wie sie genutzt werden und auch, wie erstaunlich ihre Entdeckung zuweilen verlaufen ist. Dmitri Mendelejew, der Mann, der im Jahr 1869 das Periodensystem entwickelte, war ein neugieriger junger Mensch, genau wie du! Denn nur wer neugierig ist, kann Neues entdecken.

WAS IST EIN CHEMISCHES ELEMENT?

Alles, was du auf der Welt siehst oder spürst – deinen Körper, den Boden unter deinen Füßen, das Buch in deinen Händen, die Sterne am Himmel –, besteht aus Elementen. Es gibt im Universum 118 bekannte chemische Elemente. Mehr als 90 davon kommen auf der Erde in der Natur vor, die übrigen sind menschengemacht. Alle diese Elemente setzen sich aus unzähligen winzigen Atomen zusammen. Ein einzelnes Element ist ein sogenannter Reinstoff, denn es setzt sich nur aus einer einzigen Sorte von Atomen zusammen und lässt sich nicht in noch kleinere, einfachere Stoffe zerlegen. So hat zum Beispiel das Element Wasserstoff nur zwei Wasserstoffatome und das Element Silber nur ein einziges Silberatom.

ALLES ÜBER ATOME

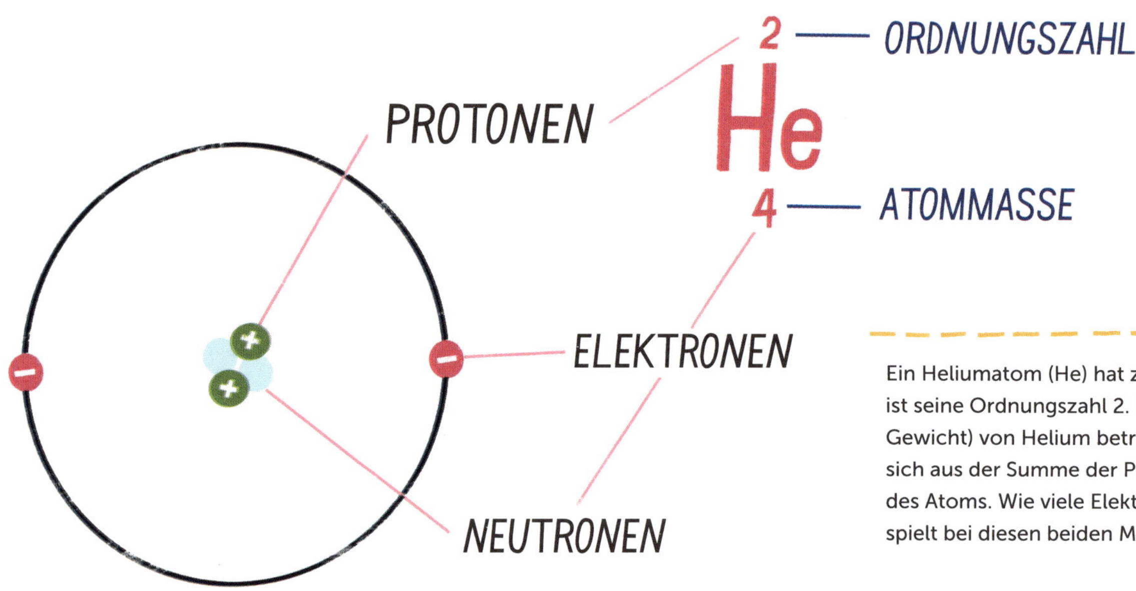

Ein Heliumatom (He) hat zwei Protonen, deshalb ist seine Ordnungszahl 2. Die Atommasse (das Gewicht) von Helium beträgt 4 und errechnet sich aus der Summe der Protonen und Neutronen des Atoms. Wie viele Elektronen ein Atom besitzt, spielt bei diesen beiden Messgrößen keine Rolle.

Die winzigen Wunder

Atome sind so klein, dass man sie nur unter extrem starken Mikroskopen sehen kann. Jedes Atom hat einen festen Kern, einen Nukleus, der aus zwei Arten von Teilchen besteht: Protonen, die elektrisch positiv geladen sind, und Neutronen ohne elektrische Ladung. An diesen Kern sind ein oder mehrere Elektronen gebunden, diese haben eine negative Ladung. Oft haben Wissenschaftler Atome mit Sonnensystemen verglichen, in denen die Elektronen um den Kern kreisen wie Planeten um die Sonne. Aber ganz so klar ist das bei Atomen nicht. Stell dir vor, der winzige Atomkern wäre eine Erbse, dann würden die Elektronen in einer Wolke von der Größe eines Fußballstadions darum herumschwirren! Wo genau sich die Elektronen dort befinden, können wir nicht sagen, weil sie sich nicht auf eine bestimmte Position festlegen lassen.

Protonen: Die Menge macht's!

Jeder Atomkern enthält mindestens ein Proton. Und es sind die Protonen, die die Einzigartigkeit eines Atoms ausmachen. Denn die Anzahl der Protonen verrät uns, um welches Element es sich handelt. Beispielsweise hat Wasserstoff nur ein Proton. Kein anderes Element besteht aus Atomen, die nur ein Proton besitzen. Deshalb ordnet man die verschiedenen Elemente danach, wie viele Protonen sie haben. Diese Zahl nennt man Ordnungszahl. Sie bestimmt die jeweilige Position im Periodensystem der Elemente – der Liste mit allen chemischen Elementen, die je entdeckt worden sind.

Neutronen: neutral, aber gewichtig

Neutronen sind weder positiv noch negativ geladen. Auf die Ladung des Atoms haben sie daher keinen Einfluss. Allerdings wirken sich die Neutronen auf die Masse (das Gewicht) eines Atoms aus. Die Atommasse ist die Summe aller Protonen und Neutronen des jeweiligen Elements.

Elektronen auf der Umlaufbahn

Neben Protonen und Neutronen besitzen alle Atome auch Elektronen. Das sind negativ geladene Teilchen, die den positiv geladenen Atomkern auf einer Umlaufbahn umkreisen. Solche Umlaufbahnen nennt man Elektronenschalen. Jede Elektronenschale hat ein anderes Energieniveau, wobei die vom Kern am weitesten entfernte Schale die energiereichste ist. Diese äußerste Schale nennt man Valenzschale, die dort befindlichen Elektronen heißen Valenzelektronen. Und es hängt von der Anzahl der Elektronen in der Valenzschale ab, wie reaktionsfreudig ein Atom ist, also wie sehr es dazu neigt, chemische Bindungen mit anderen Atomen einzugehen. Am stabilsten und am wenigsten reaktiv sind Atome dann, wenn ihre Valenzschale mit der höchstmöglichen Anzahl an Elektronen besetzt ist.

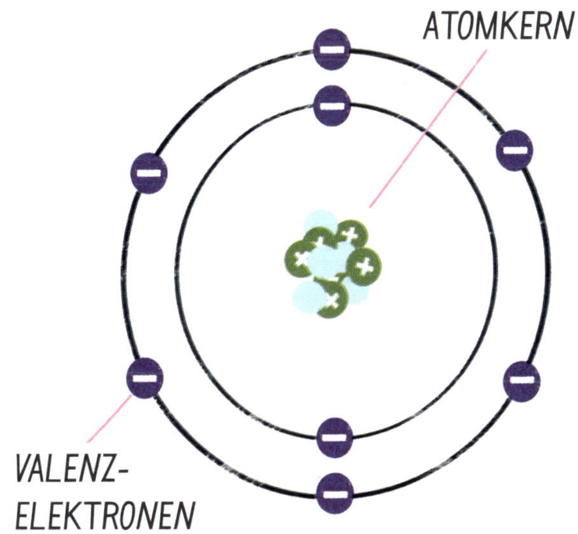

Im Gleichgewicht

Neutrale Atome haben ebenso viele Protonen wie Elektronen, und normalerweise ist auch die Anzahl der Protonen und Neutronen gleich – manchmal aber auch nicht. Werden einem Atom Neutronen hinzugefügt oder weggenommen, wird es zu einem Isotop: einer schwereren oder leichteren Version desselben Elements mit denselben chemischen Eigenschaften. Verändert sich die Anzahl der Elektronen in einem Atom, bleibt es zwar dasselbe Element, aber es hat nun andere chemische Eigenschaften (ein solches Atom ist dann nicht mehr elektrisch neutral geladen und wird Ion genannt). Doch was passiert, wenn man ein Proton hinzufügt? Dann bekommt man plötzlich ein ganz neues Element, und das hat natürlich auch eine andere Ordnungszahl.

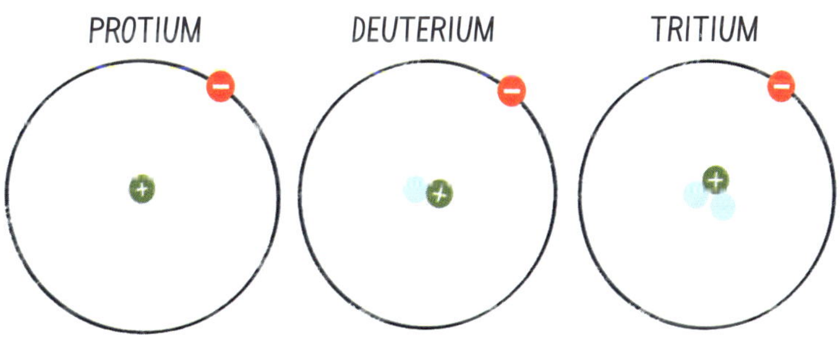

WASSERSTOFFISOTOPE

- Ein Atom hat einen Durchmesser von etwa einem Ångström. Zum Vergleich: Ein rotes Blutkörperchen ist 100 000-mal so groß.
- Elektronen bewegen sich mit einer Geschwindigkeit von 2200 Kilometer pro Sekunde. In 18 Sekunden könnten sie einmal um die Erde kreisen.
- 99,9999999999 Prozent eines Atoms bestehen aus leerem Raum.
- Das Haar eines Menschen hat ungefähr die Dicke von 100 000 Atomen.
- Mach eine Faust. Sie enthält etwa 15 000 000 000 000 000 000 000 000 Atome (das sind 15 *Quadrillionen*)! Wenn jedes Atom deiner Faust so groß wie eine Murmel wäre, hätte deine Faust die Größe der Erde.

CHEMISCHE VERBINDUNGEN

Immer wenn sich zwei Atome vereinen, bilden sie ein Molekül. Alles um uns herum besteht aus Molekülen. Wenn sich die Atome von zwei oder mehr verschiedenen Elementen zusammenschließen, entsteht eine chemische Verbindung. Die Atome der verschiedenen Elemente sind dann so stark miteinander verbunden, dass sie sich wie ein eigener Stoff verhalten. Anders als bei einem Gemisch von Stoffen findet eine chemische Verbindung auf der Ebene der Atome statt. Wenn ein Element eine chemische Verbindung eingeht, verliert es manchmal seine speziellen Eigenschaften. Ein eigentlich reaktionsfreudiges Element (das heißt, ein Element, das bei einer chemischen Reaktion mit einem anderen Element Energie freisetzt) wie etwa Natrium (Na) kann reaktionsträge werde, wenn es sich mit einem Element wie Chlor (Cl) zu Natriumchlorid (NaCl) verbindet, was unser wohlbekanntes Kochsalz ist.

Alle chemischen Verbindungen haben eine bestimmte Zusammensetzung. Eine Verbindung, von der du bestimmt schon mal gehört hast, ist H_2O oder Wasser. Wasser setzt sich immer aus zwei Wasserstoffatomen und einem Sauerstoffatom zusammen. Nimmt man eines der Wasserstoffatome weg, ist es kein Wasser mehr. Unser Periodensystem kennt zwar nur 118 Elemente, aber es gibt Millionen und Abermillionen von Verbindungen, und jede ist einzigartig.

Legierungen und Verbindungen

Legierungen sind keine chemischen Verbindungen. Unter einer Legierung versteht man eine Mischung von Metallen oder von einem Metall und einem anderen Element. So ist Messing eine Legierung aus den zwei Metallen Kupfer und Zink. Stahl wiederum ist eine Legierung aus Eisen (einem Metall), Kohlenstoff (einem Nichtmetall) und manchmal noch anderen Elementen. Die Komponenten einer Legierung werden normalerweise bei sehr hohen Temperaturen geschmolzen und miteinander vermischt, danach lässt man sie auskühlen und aushärten. Im Allgemeinen sind Legierungen stabiler und beständiger als die einzelnen Komponenten für sich. Bei Legierungen gehen die Elemente keine Bindungen auf der atomaren Ebene ein, sie sind also keine chemischen Verbindungen.

CHEMISCHE VERBINDUNGEN IM ALLTAG

Manche chemischen Verbindungen, die im Alltag häufig verwendet werden, sind eher unter einem anderen Namen bekannt:

Natronbleichlauge: NaClO

Marmor: $CaCO_3$

Backsoda oder Natron: $NaHCO_3$

Reinigungsalkohol oder Isopropanol: $(CH_3)_2CHOH$

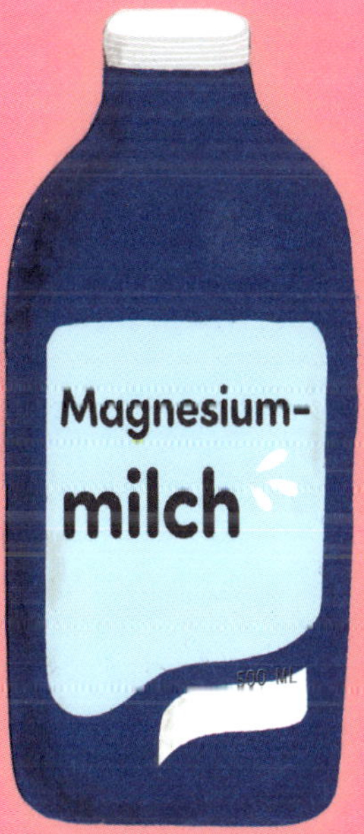

Magnesiummilch: $Mg(OH)_2$

Zucker: $C_{12}H_{22}O_{11}$

Kochsalz: NaCl

AGGREGATZUSTÄNDE

Alle Elemente können in drei verschiedenen Aggregatzuständen auftreten: fest, flüssig und gasförmig. Als Bezugspunkt nehmen wir dabei die »Raumtemperatur«, also eine angenehme Temperatur von etwa 21 Grad Celsius. Bei Raumtemperatur sind die meisten Elemente fest, elf sind gasförmig und zwei sind flüssig. Durch Erhitzung und Abkühlung gehen die Elemente von einem Aggregatzustand in einen anderen über. Wechselt der Aggregatzustand, bleibt die Ordnungszahl des Elements gleich, doch die Atome ordnen sich anders an.

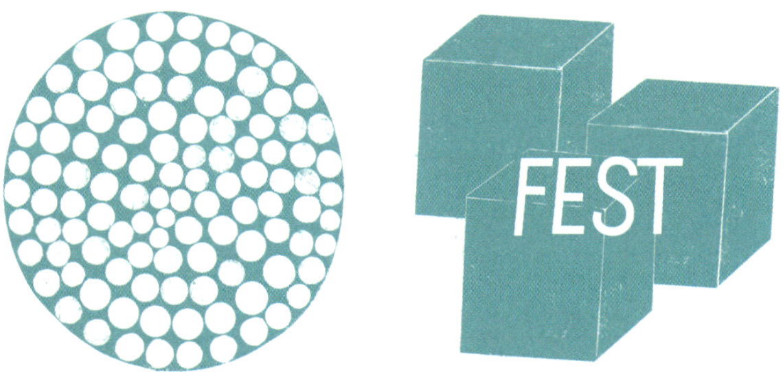

Im Festzustand sind die Atome eines Elements aneinander gebunden und unbeweglich. Festkörper behalten ihre Form und ihr Volumen (also die Menge an Raum, die sie einnehmen) bei. Auch wenn manche Feststoffe weich und biegsam sind, sind sie trotzdem fest.

Haben wir ein Element in flüssiger Form vor uns, bewegen sich die Atome, und ihre Bindung ist schwächer. Flüssigkeiten nehmen die Form des Behälters an, in dem sie sich befinden, aber ihr Volumen ändert sich nicht.

Im gasförmigen Zustand sind die Atome eines Elements nur lose aneinandergebunden, und sie bewegen sich frei in verschiedene Richtungen. Ein Gas füllt jeden Behälter aus, egal wie groß oder klein er ist.

ALCHEMIE UND ANFÄNGE DER CHEMIE

Schon lange bevor das Periodensystem der Elemente entwickelt wurde, versuchten Menschen herauszufinden, aus welchen unterschiedlichen und speziellen Stoffen die Welt um uns herum besteht. *Was sind die Grundelemente?*, fragten sie sich. In vielen alten Kulturen, etwa bei den Babyloniern, den Chinesen und den Ägyptern, war die Vorstellung verbreitet, dass es sich um einfache Gruppen handeln müsse: Holz, Feuer, Erde, Metall, Wasser und so weiter. Für die alten Griechen wiederum setzte sich alle Materie aus nur vier Elementen zusammen: Erde, Wasser, Feuer und Luft. Dieser Gedanke prägte die westliche Denkweise zweitausend Jahre lang. Mit den vier Elementen erklärte man nicht nur die sichtbaren Dinge, sondern auch die unterschiedlichen Temperamente der Menschen und körperliche Beschwerden, die man mit der sogenannten Vier-Säfte-Lehre zu heilen versuchte. Man glaubte, die Natur strebe danach, ein Gleichgewicht zwischen diesen vier Elementen beziehungsweise Säften herzustellen, und ein solches Gleichgewicht nütze auch dem geistigen und körperlichen Wohl des Menschen.

Alchemisten und Goldsucher

Im Mittelalter versuchte man mithilfe von Alchemie, einer Mischung aus Mystik und wissenschaftlicher Forschung, die Natur und die Veränderlichkeit ihrer Stoffe zu begreifen. Die Alchemisten interessierten sich für das Veredeln und Anreichern von Metallen, insbesondere dafür, wie man gewöhnliche Metalle wie Blei oder Quecksilber in Gold verwandeln könnte. Man glaubte, dies mit einem Stoff namens »Stein der Weisen« bewerkstelligen zu können – den es natürlich nicht gab. Aber immerhin entdeckte der Alchemist Hennig Brand bei dieser Suche erstmals in der Geschichte ein chemisches Element (mehr über die unappetitliche Geschichte der Entdeckung des Phosphors auf S. 43).

Das altgriechische Prinzip der vier Elemente

Eine wissenschaftliche Revolution

Aufbauend auf den Experimenten und Entdeckungen der Alchemisten und beflügelt von neuen wissenschaftlichen Methoden, begannen im 16. Jahrhundert die Vorreiter der modernen Chemie das Vier-Elemente-Prinzip zu hinterfragen. Sie fanden heraus, dass beispielsweise das »Element« Erde aus mehreren Komponenten besteht. Einen Großteil ihrer Forschung widmeten sie der Frage, wie bestimmte Stoffe, die die Alchemisten isoliert hatten – etwa Arsen oder Zink –, mit sich selbst oder mit anderen Stoffen reagierten, etwa mit Gasen in der Luft. Da sich manche Stoffe unter bestimmten Bedingungen gleich verhielten, fingen die Wissenschaftler im 18. Jahrhundert an, sie in Gruppen einzuteilen – das waren die Anfänge des Periodensystems und unseres heutigen Wissens über die Elemente.

GESTATTEN? DMITRI MENDELEJEW!

Der Mann, der Ordnung in die Elemente brachte und das Periodensystem erfand

Am 8. Februar 1834 wurde in einem Dorf in Sibirien ein Junge namens Dmitri Mendelejew geboren. Dieser Junge sollte die Geschichte der Naturwissenschaften grundlegend verändern. Er stammte aus einer ungewöhnlich großen Familie. Man weiß es zwar nicht genau, aber wahrscheinlich hatte er 14 Geschwister! Als er dreizehn war, starb sein Vater, und zwei Jahre später zerstörte ein Brand die Fabrik der Familie. Auf der Suche nach einem besseren Leben zog seine Mutter mit ihm nach St. Petersburg, wo er sich erfolgreich um einen Studienplatz bewarb. Trotz seiner schwachen Gesundheit schloss Mendelejew die Hochschule mit Bestnoten ab. Kurzzeitig arbeitete er als Lehrer für Naturwissenschaften, danach setzte er in St. Petersburg sein Studium mit dem Schwerpunkt Chemie fort.

Der Kartenspieler

Der ebenso geniale wie schrullige Mendelejew (er war bekannt für seinen Rauschebart und sein langes, ungekämmtes Haar) steckte seine ganze Energie in ein Buch, das er *Grundlagen der Chemie* nannte. Während er daran arbeitete, die chemischen Elemente zu ordnen und zu erklären, stellte er fest, dass die Atommasse allein nicht aussagekräftig genug war. Nach dem Vorbild des Kartenspiels Solitaire bastelte er einen Satz Karten: eine Karte für jedes damals bekannte Element, und dazu notierte er dessen chemische Eigenschaften und die Atommasse. Mendelejew trug diese Karten ständig bei sich und mischte und ordnete sie immer wieder neu.

Dmitri Mendelejews Kartensatz beruhte auf dem, was die Naturwissenschaftler damals über die jeweiligen Elemente wussten. Auch wenn manche Angaben, etwa die genauen Massenzahlen, nicht stimmten, konnte er trotzdem die Elemente bereits in die Reihenfolge des heutigen Periodensystems bringen.

Ein Traum wird wahr

Es heißt, im Februar 1869 sei Mendelejew von seinen Karten so besessen gewesen, dass er drei Tage und Nächte wach blieb und sie immer wieder neu legte, bis er schließlich an seinem Schreibtisch in einen tiefen Schlaf fiel. Und er träumte, dass alle Elemente durcheinanderwirbelten und sich plötzlich rasterartig zusammenfügten. Als er aufwachte, hatte er das Bild des Periodensystems vor Augen. Endlich hatte er die Lösung gefunden! Wenn man die Elemente nach ihrer Atommasse anordnet, tauchen bestimmte Eigenschaften — etwa ob sie Metalle oder Gase sind — regelmäßig, also periodisch, immer wieder auf, daher der Name »Periodensystem der Elemente«. Bei seiner Version der Tabelle ließ Mendelejew Lücken an den Stellen frei, wo er glaubte, dass derzeit noch unbekannte Elemente eingefügt werden müssten. Er sagte sogar die wahrscheinlichen Eigenschaften dieser möglichen Elemente voraus. Und auch mehr als 150 Jahre später hat sein System noch immer Gültigkeit.

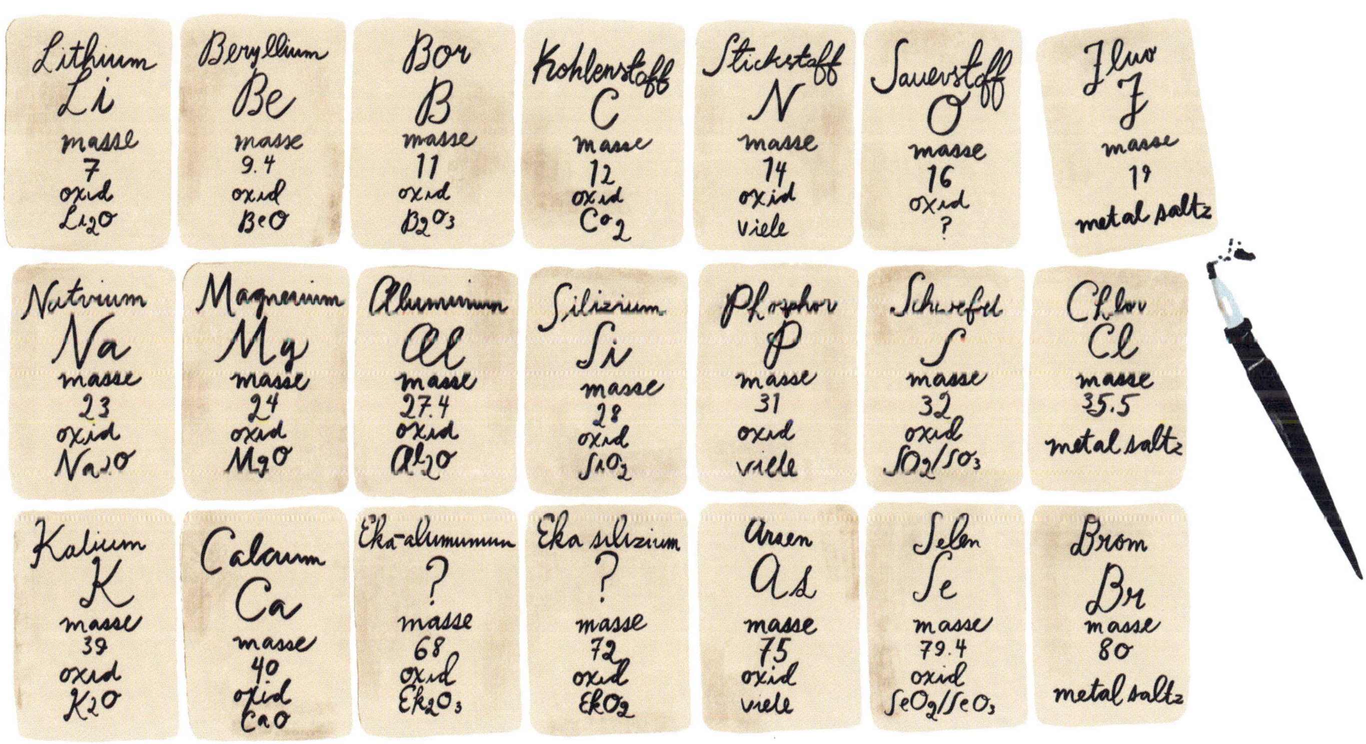

SO LIEST DU DAS PERIODENSYSTEM

Das Periodensystem hilft uns, die Elemente und ihre Beziehungen zueinander besser zu verstehen. Mendelejew sortierte in seiner Tabelle die Elemente nach den jeweiligen Eigenschaften. Sein System ist so durchdacht, dass er sogar die Existenz von Elementen vorhersagen konnte, lange bevor sie entdeckt wurden.

- Das Periodensystem ist in elf Blöcke unterteilt, einen für jede Elementkategorie. Diese sind farblich markiert, damit man die Blöcke in der Tabelle, die das Periodensystem darstellt, besser voneinander unterscheiden kann.

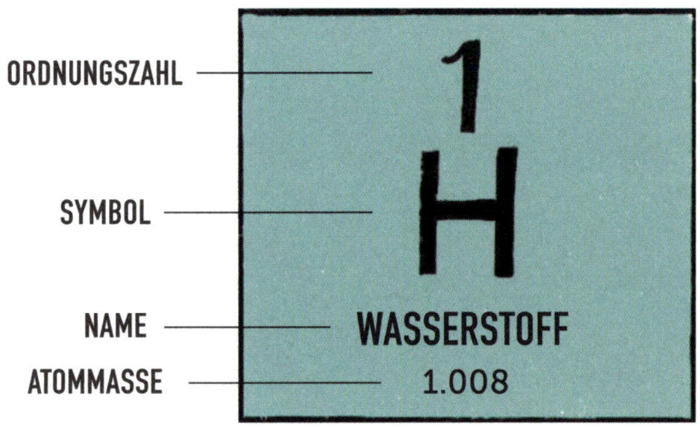

- Jedes Element hat in der Tabelle ein eigenes Kästchen. Darin stehen der Name des Elements, seine Ordnungszahl und das Elementsymbol, und unter dem Symbol ist manchmal zusätzlich die Atommasse (auch Atomgewicht genannt) angegeben. Die Atommasse berechnet sich aus dem durchschnittlichen Gewicht aller Isotope des Elements und danach, wie häufig jedes dieser Isotope vorkommt.
- Jedes Element hat ein Symbol, das aus ein oder zwei Buchstaben besteht. Damit soll sichergestellt werden, dass alle Wissenschaftlerinnen und Wissenschaftler wissen, von welchem Element die Rede ist, auch wenn sie unterschiedliche Sprachen sprechen. Den ersten Buchstaben des Symbols schreibt man groß, den zweiten – falls es einen gibt – klein.
- Jedem Element ist eine eigene Ordnungszahl zugeordnet. Sie ergibt sich aus der Anzahl der Protonen, die der Atomkern enthält (mehr dazu unter »Alles über Atome« auf S. 10).

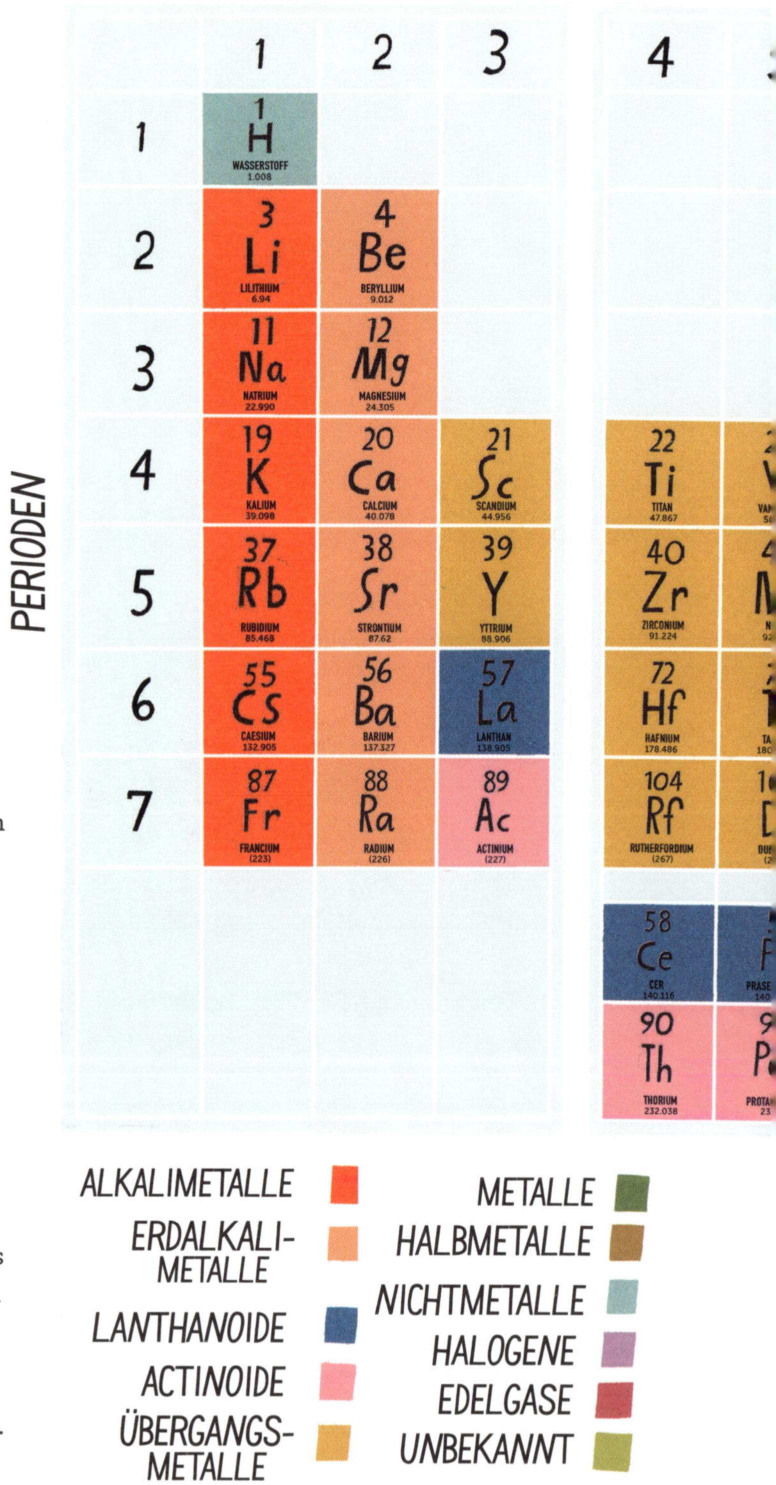

GRUPPEN

6	7	8	9	10	11	12	13	14	15	16	17	18
												2 He HELIUM 4.003
							5 B BOR 10.81	6 C KOHLENSTOFF 12.011	7 N STICKSTOFF 14.007	8 O SAUERSTOFF 15.999	9 F FLUOR 18.998	10 Ne NEON 20.180
							13 Al ALUMINIUM 26.982	14 Si SILIZIUM 28.085	15 P PHOSPHOR 30.974	16 S SCHWEFEL 32.06	17 Cl CHLOR 35.45	18 Ar ARGON 39.95
24 Cr CHROM 1.996	25 Mn MANGAN 54.938	26 Fe EISEN 55.845	27 Co COBALT 58.933	28 Ni NICKEL 58.693	29 Cu KUPFER 63.546	30 Zn ZINK 65.38	31 Ga GALLIUM 69.723	32 Ge GERMANIUM 72.630	33 As ARSEN 74.922	34 Se SELEN 78.971	35 Br BROM 79.904	36 Kr KRYPTON 83.798
42 Mo LYBDÄN 95.95	43 Tc TECHNETIUM (97)	44 Ru RUTHENIUM 101.07	45 Rh RHODIUM 102.905	46 Pd PALLADIUM 106.42	47 Ag SILBER 107.868	48 Cd CADMIUM 112.414	49 In INDIUM 114.818	50 Sn ZINN 118.710	51 Sb ANTIMON 121.760	52 Te TELLUR 127.60	53 I IOD 126.904	54 Xe XENON 131.293
74 W LFRAM 33.84	75 Re RHENIUM 186.207	76 Os OSMIUM 190.23	77 Ir IRIDIUM 192.217	78 Pt PLATIN 195.084	79 Au GOLD 196.967	80 Hg QUECKSILBER 200.592	81 Tl THALLIUM 204.38	82 Pb BLEI 207.2	83 Bi BISMUT 208.980	84 Po POLONIUM (209)	85 At ASTAT (210)	86 Rn RADON (222)
06 Sg BORGIUM 269)	107 Bh BOHRIUM (270)	108 Hs HASSIUM (269)	109 Mt MEITNERIUM (278)	110 Ds DARMSTADTIUM (281)	111 Rg ROENTGENIUM (282)	112 Cn COPERNICIUM (285)	113 Nh NIHONIUM (286)	114 Fl FLEROVIUM (289)	115 Mc MOSCOVIUM (289)	116 Lv LIVERMORIUM (293)	117 Ts TENNESS (294)	118 Og OGANESSON (294)
60 Nd ODYM 4.242	61 Pm PROMETHIUM (145)	62 Sm SAMARIUM 150.36	63 Eu EUROPIUM 151.964	64 Gd GADOLINIUM 157.25	65 Tb TERBIUM 158.925	66 Dy DYSPROSIUM 162.500	67 Ho HOLMIUM 164.930	68 Er ERBIUM 167.259	69 Tm THULIUM 168.934	70 Yb YTTERBIUM 173.045	71 Lu LUTETIUM 174.967	
92 U ANIUM 8.029	93 Np NEPTUNIUM (237)	94 Pu PLUTONIUM (244)	95 Am AMERICIUM (243)	96 Cm CURIUM (247)	97 Bk BERKELIUM (247)	98 Cf CALIFORNIUM (251)	99 Es EINSTEINIUM (252)	100 Fm FERMIUM (257)	101 Md MENDELEVIUM (258)	102 No NOBELIUM (259)	103 Lr LAWRENCIUM (266)	

Perioden

Die Zeilen des Periodensystems nennt man Perioden. Alle Elemente einer Periode besitzen die gleiche Anzahl an Elektronenschalen in ihren Atomen. Die Perioden verlaufen in der Tabelle waagrecht, von links nach rechts. So haben die Elemente in der ersten Zeile – also in der ersten Periode – nur eine Elektronenschale, die in der zweiten Periode haben zwei Elektronenschalen und so weiter.

Gruppen

Die Spalten des Periodensystems werden Gruppen genannt. Die Gruppen verlaufen in der Tabelle senkrecht von oben nach unten. Die Elemente jeder Gruppe haben in ihrer äußersten Schale dieselbe Anzahl an Elektronen. Daher sind die chemischen Eigenschaften der Elemente einer Gruppe alle recht ähnlich.

Es gibt auch andere Arten, das Periodensystem darzustellen, mit unterschiedlichen Kategorien oder Namen oder Farben für die Elemente. Sie sind genauso gültig!

DIE ELEMENTKATEGORIEN

Im Periodensystem sind die Elemente in farblich voneinander abgegrenzte Blöcke unterteilt: die Kategorien (manchmal auch Elementfamilien oder Elementserien genannt). Die (waagrechten) Perioden und die (senkrechten) Gruppen sind immer gleich dargestellt, aber wenn du verschiedene Periodensysteme betrachtest, wirst du feststellen, dass die Farbblöcke oft unterschiedlich aussehen. Das liegt daran, dass manche Wissenschaftler bestimmte Elemente der einen Kategorie zuordnen, andere zählen sie jedoch zu einer anderen Kategorie. Bei dem hier im Buch gezeigten Periodensystem werden die Elemente in elf Kategorien eingeteilt (wobei ein Element für sich allein steht), so wie es ihren allgemeinen chemischen Eigenschaften entspricht.

DER EINZELGÄNGER Wasserstoff ist das erste Element. Er besitzt nur ein Elektron, und sein Atomkern enthält nur ein Proton. Er unterscheidet sich von allen anderen Elementen des Periodensystems und gehört auch zu keiner Elementkategorie.

Die anderen Elemente sind in elf Kategorien unterteilt.

ALKALIMETALLE bilden die erste Spalte des Periodensystems. Sie sind alle reaktiv, d. h. sie neigen dazu, Bindungen mit anderen Elementen einzugehen und dabei Energie freizusetzen. Von allen Metallen sind die Alkalimetalle die reaktionsfreudigsten. Manchmal kommt es sogar zu gewaltigen Explosionen, wenn man sie in Wasser legt oder der Luft aussetzt. Bei diesen heftigen Reaktionen entstehen immer Verbindungen, die man Laugen oder Alkalien nennt. Das sind Stoffe, deren pH-Wert größer als 7 ist (wobei pH für »Potenzial des Wasserstoffs« steht). Auf der pH-Skala ist Wasser neutral und hat den Wert 7. Was einen höheren Wert hat, ist alkalisch (oder basisch); was hingegen unter 7 liegt, ist sauer. Alle Alkalimetalle sind bei Zimmertemperatur fest und sehr weich und haben eine geringe Dichte. Manche schwimmen sogar auf Wasser.

ERDALKALIMETALLE sind in ihrer Reinform silbrig und glänzen. Allerdings kommen sie so in der Natur selten vor, weil sie – wie die Alkalimetalle – reaktiv sind. Erdalkaliverbindungen findet man in gewöhnlichen Mineralen in der Erdkruste. Minerale sind natürliche (also nicht vom Menschen gemachte) Feststoffe mit einer bestimmten chemischen Zusammensetzung: Ein Mineral hat immer die gleiche Anordnung und Anzahl von Atomen, die sich auch immer wieder nach diesem Muster wiederholt. Der Name Erdalkalimetalle stammt daher, dass diese Elemente Laugen erzeugen, wenn sie mit Wasser reagieren. Allerdings sind sie nicht so reaktiv wie die Alkalimetalle, sie sind fester und haben eine höhere Dichte. Bei Zimmertemperatur sind die Erdalkalimetalle fest und schmelzen erst bei hohen Temperaturen.

LANTHANOIDE sind nach Lanthan benannt, dem ersten Element dieser Kategorie. Manchmal bezeichnet man sie auch als Metalle der seltenen Erden, denn in der Erdkruste findet man sie oft miteinander vermischt in Mineralen, die sich aus vielen verschiedenen Elementen zusammensetzen. Als man die Lanthanoide entdeckte, dachte man, sie seien selten, tatsächlich kommen sie aber sehr häufig vor! Diese Metalle stehen im Periodensystem zwischen den Erdalkalimetallen und den Übergangsmetallen, aber aus Platzgründen bildet man sie normalerweise unterhalb der Haupttabelle ab. Alle Elemente dieser Kategorie haben Atome mit zwei Valenzelektronen.

ACTINOIDE verdanken ihren Namen ebenfalls dem ersten Element dieser Kategorie, dem Actinium. Alle Actinoide besitzen zwei Elektronen in ihrer äußersten Schale. Und ihre Atome haben immer sieben Elektronenschalen. Zudem sind alle Elemente dieser Kategorie radioaktiv. Neun ihrer 15 Elemente können nur künstlich im Labor hergestellt werden. Die in der Natur vorkommenden Actinoide haben eine hohe Dichte und einen hohen Schmelzpunkt. Über die physikalischen Eigenschaften der künstlich erzeugten Actinoide weiß man hingegen nicht viel.

ÜBERGANGSMETALLE können sich rühmen, die größte Kategorie im Periodensystem zu sein, sie erstrecken sich — ganz oder teilweise — über neun Spalten der Tabelle und beinhalten 31 Elemente. In Reinform sind die Übergangsmetalle meist metallisch glänzend und haben hohe Schmelz- und Siedepunkte, mit Ausnahme von Quecksilber.

Die Elemente der Kategorie der **METALLE** sind bei Raumtemperatur fest. Wie auch Alkali-, Erdalkali- und Übergangsmetalle lassen sie sich leicht verformen (also etwa zu dünnen Drähten verarbeiten, ohne dabei ihre Festigkeit zu verlieren) und eignen sich gut als Wärme- und Stromleiter. Im Vergleich zu den Übergangsmetallen sind Metalle weicher und haben niedrigere Schmelz- und Siedepunkte.

HALBMETALLE besitzen sowohl metallische als auch nichtmetallische Eigenschaften und sind daher schwer zuzuordnen. Normalerweise sind Halbmetalle fest und sehen metallisch aus, aber sie sind spröde und können Strom nicht besonders gut leiten.

NICHTMETALLE können die unterschiedlichsten chemischen Eigenschaften haben. Meist sind sie schlechte Wärme- und Stromleiter. Als einzige Kategorie im Periodensystem enthalten sie Elemente, die bei Raumtemperatur in allen Aggregatzuständen auftreten: fest, flüssig und gasförmig.

HALOGENE sind eine kleine Gruppe von farbigen und sehr reaktionsfreudigen Elementen. Je höher ihre Ordnungszahl, desto giftiger sind sie. Sie werden im medizinischen Bereich eingesetzt – das radioaktive Astat beispielsweise wird in der Bestrahlung von bösartigen Tumoren genutzt.

EDELGASE stehen ganz rechts im Periodensystem. In der Frühzeit der Chemie bezeichnete man sie als edel, weil sie nicht mit »gewöhnlichen« Elementen wie Sauerstoff reagieren. Alle Elemente dieser Kategorie sind farblose Gase mit unterschiedlicher Dichte. Unter Dichte versteht man, wie kompakt ein Stoff ist. Eine Kiste, die mit Vogelfedern gefüllt ist, wiegt viel weniger als die gleiche Kiste, wenn sie voller Steine ist, weil die Federn eine geringere Dichte haben als die Steine. Das Edelgas Radon beispielsweise ist 54-mal dichter als seine »edle« Freundin Helium.

Die übrigen Elemente fasst man in der Kategorie **UNBEKANNT** zusammen. Manchmal werden sie auch »Transactinoide« genannt, um auszudrücken, dass sie unterhalb der Kategorie der Actinoide stehen. Diese Elemente können nur unter Laborbedingungen erzeugt werden. Es existieren lediglich geringe Mengen davon, sodass man wenig über ihre chemischen Eigenschaften aussagen und sie nicht genauer kategorisieren kann.

1 H WASSERSTOFF

Dem Wasserstoff wird die Ehre zuteil, im Periodensystem ganz am Anfang zu stehen. Der Grund dafür ist, dass dieses Element den einfachsten Aufbau hat: Jedes Wasserstoffatom enthält ein Proton und ein Elektron. Wasserstoff ist auch die Nummer eins im Universum, denn er macht 75 Prozent aller Atome aus. In der Sonne und in den Sternen befinden sich beträchtliche Mengen an Wasserstoff. Allein die Sonne verbraucht mehr als 544 Millionen Tonnen Wasserstoff pro Sekunde, und durch diese konstante Verbrennung von Wasserstoff versorgt sie die Erde mit lebensnotwendiger Wärme und Licht.

Kategorie: keine
Entdeckungsjahr: 1766
Entdecker: der britische Naturwissenschaftler Henry Cavendish

Beste Kumpel

Wasserstoff geht gern Bindungen ein, mit sich selbst wie auch mit anderen Elementen. Zusammen mit Sauerstoff bildet er das Wasser in Meeren, Flüssen, Seen und Wolken. Eine andere Kombination aus Wasserstoff und Sauerstoff ist Wasserstoffperoxid, das sich zum Reinigen und Desinfizieren eignet. Der weiße Zucker, den man beim Plätzchenbacken verwendet, setzt sich aus Wasserstoff, Kohlenstoff und Sauerstoff zusammen. Die sogenannten Gasriesen – große Planeten wie der Jupiter – bestehen hauptsächlich aus Wasserstoff, vermischt mit anderen Gasen wie Helium und Methan.

Hilfreich und nützlich

Die im Wasserstoff enthaltene Energie ist enorm und kann gut in Brennstoffzellen gespeichert werden. Unter einer Brennstoffzelle versteht man ein Gerät, in dem eine chemische Reaktion zwischen positiv geladenen Wasserstoffionen und Sauerstoff oder einem anderen Element stattfindet und dadurch nutzbarer Strom erzeugt wird. Eine Brennstoffzelle ist so etwas wie eine Batterie. In kleineren Ausführungen könnten sie als Akkus in Laptops oder Handys genutzt werden. Mit großen Brennstoffzellen lassen sich Busse und Pkws antreiben oder auch ganze Gebäude mit Strom und Wärme versorgen.

2 He HELIUM

Helium ist nach dem griechischen Sonnengott Helios benannt, weil die Wissenschaftler Helium erstmals während einer Sonnenfinsternis als unerklärlichen Kranz um die Sonne wahrgenommen haben. Als Chemiker Mitte des 19. Jahrhunderts Helium zum ersten Mal beobachteten, hatten sie das Element noch gar nicht in ihren Laboren entdeckt. Denn Helium ist ein Edelgas, und weil Edelgase nicht mit anderen Elementen reagieren und normalerweise auch keine Bindungen mit ihnen eingehen, lassen sie sich bei den herkömmlichen Experimenten schwer nachweisen. Während andere Elemente eifrig miteinander reagieren, sitzen die Edelgase lieber rum und drehen Däumchen. Auf der Erde entdeckte man Heliumgas schließlich, weil es beim Erhitzen von Erzen (das sind metallhaltige Gesteine oder Minerale) freigesetzt wurde. Heute wird Helium aus unterirdischen Erdgaslagern extrahiert.

Kategorie: Edelgase
Entdeckungsjahr: 1895
Entdecker: der schottische Chemiker Sir Walter Ramsay, und unabhängig von ihm auch seine schwedischen Kollegen Per Teodor Cleve und Nils Abraham Langlet
Fun Fact: Helium ist das einzige Element, das im Weltraum entdeckt wurde, bevor man es auf der Erde fand.

Hoch und immer höher

Helium ist – nach Wasserstoff – das zweitleichteste Element. Es ist so leicht, dass es sogar aus der Erdatmosphäre ins All entweichen kann. Helium macht ein Viertel aller Atome des Universums aus, ist auf der Erde allerdings eher selten. Weil es leichter als Luft und reaktionsträge wie alle Edelgase ist, reagiert es nicht mit anderen chemischen Stoffen und ist nicht brennbar. Deshalb eignet es sich gut für Heißluftballons, Zeppeline und natürlich für Luftballons.

3 Li LITHIUM

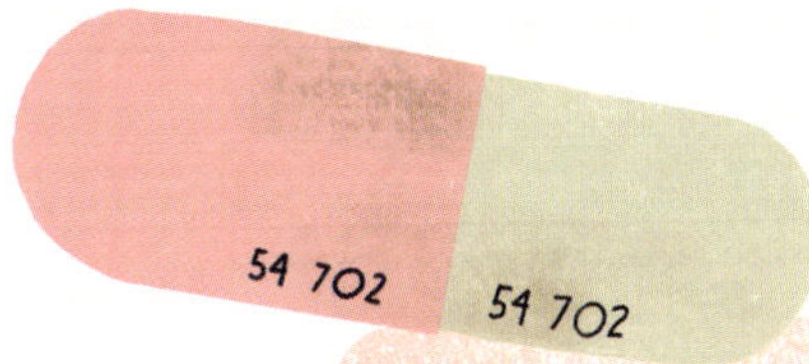

Lithium ist ein weiches, silbrig weißes Metall. Kein anderes Metall hat ein so geringes Gewicht wie Lithium – es schwimmt sogar auf Wasser (allerdings reagiert es auch ziemlich heftig mit Wasser). Weil Lithium hochreaktiv und entzündlich ist, muss man bei der Lagerung gut aufpassen, damit es nicht mit Luft oder Wasser in Kontakt kommt.

Kategorie: Alkalimetalle
Entdeckungsjahr: 1817
Entdecker: der schwedische Chemiker Johan August Arfwedson
Fun Fact: Zwar ist Lithium ein Metall, aber so weich, dass es sich mit einem Buttermesser schneiden lässt.

Das gesellige Metall

Lithium ist gern in Gesellschaft. In der Natur taucht es auch nie als Einzelelement auf, sondern immer in Verbindungen mit anderen Elementen. So bildet es zusammen mit Chlor – vom anderen Ende des Periodensystems – Lithiumchlorid, das zur Luftentfeuchtung verwendet wird. Normalerweise findet man Lithium in Salzverbindungen; die Ozeane enthalten schätzungsweise 200 Milliarden Tonnen Lithium in Form von Salzen.

Hilfreich und nützlich

Dass Lithium so reaktionsfreudig ist, macht es zu einem hervorragenden Wärme- und Stromleiter. Besonders häufig kommt es in Lithiumbatterien zum Einsatz. Diese leistungsstarken Stromspeicher eignen sich bestens für Armbanduhren, Laptops und Kameras. Mit Lithiumcarbonat behandelt man eine psychische Krankheit namens »bipolare Störung«, denn die dabei auftretenden starken Stimmungsschwankungen lassen sich mit diesem Lithiumsalz wirksam dämpfen. Auch im Flugzeugbau braucht man Lithium. Zusammen mit Aluminium bildet es eine leichte, aber widerstandsfähige Legierung, mit der sich leichte und daher energiesparende Flugzeuge konstruieren lassen.

4 Be BERYLLIUM

Obwohl Beryllium ein sehr leichtes und sprödes, aber auch hartes Metall ist, eignet es sich nicht für Alltagsgegenstände, außerdem ist es rar und für Menschen giftig. Die Seltenheit von Beryllium rührt daher, dass es nur bei einer Supernova (der kosmischen Explosion eines sehr großen Sterns am Ende seiner Lebenszeit) entstehen kann.

Kategorie: Erdalkalimetalle
Entdeckungsjahr: 1797
Entdecker: der französische Chemiker Nicolas-Louis Vauquelin
Fun Fact: Ursprünglich wurde Beryllium »Glucinium« genannt, nach dem griechischen Wort für »süß«, weil seine Salze süß schmecken. Allerdings stellten die Menschen rasch fest, dass Beryllium auch giftig ist und man *niemals* davon probieren sollte. Später wurde dann auch der Name geändert.

Federleicht und stocksteif

Wegen seiner geringen Dichte und Atommasse ist Beryllium durchlässig für Röntgenstrahlen und wird oft in Röntgenstrahlgeräten verbaut. Zusammen mit Kupfer bildet Beryllium eine funkenfreie, hochfeste Legierung, aus der Werkzeuge für den Umgang mit hochentzündlichen Stoffen hergestellt werden. Beryllium ist teuer, aber weil es fest, leicht und korrosionsbeständig ist und einen hohen Schmelzpunkt hat, eignet es sich hervorragend für die Raumfahrt. Spiegel aus Beryllium werden auch im James-Webb-Weltraumteleskop, dem Nachfolger des Hubble-Weltraumteleskops, verwendet.

Beryllium entsteht bei einer Supernova.

5 B BOR

Auch wenn der Name ein bisschen öde klingt, ist Bor ein heimliches Wunderelement. Borverbindungen zählen zu den härtesten Stoffen auf der Erde. Als Reinstoff kommt Bor in unserer natürlichen Umgebung nicht vor, aber als Bestandteil von Mineralien.

Kategorie: Halbmetalle
Entdeckungsjahr: 1808
Entdecker: die französischen Chemiker Louis-Josef Gay-Lussac und Louis-Jacques Thénard sowie der britische Chemiker Sir Humphry Davy
Fun Fact: Die zähflüssige Spielknete »Slime«, die ihr vielleicht aus Online-Videos kennt, wird mit der Borverbindung Borax hergestellt. Vermischt man Borax mit Kleber, vernetzen sich die Moleküle, und es entsteht eine Substanz, die weder fest noch flüssig ist.

Beste Kumpel

Bor beweist seine wahren Qualitäten, wenn es mit anderen Elementen kombiniert wird. Macht es Bekanntschaft mit Stickstoff, bilden sich Bornitridkristalle, die fast so hart wie Diamanten sind. Borcarbid zählt ebenfalls zu den härtesten bekannten Materialien und kommt bei der Panzerung von Militärfahrzeugen zum Einsatz.

Im Haushalt

Es ist recht wahrscheinlich, dass du auch im Alltag mit Borverbindungen zu tun hast. Am offensichtlichsten tauchen sie in Form von Borax auf, einem Salz der Borsäure, das sich in vielen Wasch- und Putzmitteln findet. Außerdem werden sie zur Verstärkung von Glas eingesetzt, um beispielsweise gläserne Messbecher oder Backformen hitzebeständig zu machen.

6 C KOHLENSTOFF

Wasserstoff mag der Kitt sein, der das Universum zusammenhält, aber Kohlenstoff ist die Grundlage allen Lebens. Ein eigenes Teilgebiet der Chemie, die Organische Chemie, befasst sich ausschließlich mit Kohlenstoffverbindungen. Alle Lebewesen bestehen aus Kohlenstoffverbindungen der einen oder anderen Art. Weil sich Kohlenstoff leicht mit anderen Atomen verbindet, kann er lange, stabile Ketten bilden, die man Polymere nennt. Ein Polymer ist ein großes Molekül, in dem sich viele kleinere Moleküle aneinanderreihen wie aufgefädelte Perlen. Biopolymere wie Zellulose kommen in der Natur vor, sie sind ein unverzichtbarer Baustein für alles Leben und bilden beispielsweise die Zellwände von Pflanzen. Zu den in Laboren und Fabriken künstlich hergestellten Polymeren zählen Nylonfasern und Plastik. Diese künstlichen Polymere haben vielerlei Verwendungszwecke, weil sie widerstandsfähig, robust und biegsam sind, allerdings sind sie wegen ihrer Stabilität schwer biologisch abbaubar und tragen zur Umweltverschmutzung bei.

Kategorie: Nichtmetalle
Jahr der Entdeckung: in vorgeschichtlicher Zeit
Entdecker: Unbekannt
Fun Fact: Für die Tätowierungen von Ötzi, der 5300 Jahre alten Gletschermumie aus den Alpen, wurde Kohlenstaub verwendet (was auch heute noch ein Hauptbestandteil der schwarzen Tattoo-Farbe ist!).

Meister der Formen

Von allen Elementen hat Kohlenstoff die höchste Anzahl an Allotropen. Allotrope sind die verschiedenen physikalischen Formen, die ein und dasselbe Element annehmen kann. Bei dem weichen, biegsamen Graphit sind die Kohlenstoffatome schichtförmig angeordnet. Als ineinandergreifende Gittermuster bilden die Kohlenstoffatome das härteste Material der Welt: Diamant. Sind sie hingegen zylinder- oder kugelförmig zusammengerollt, handelt es sich um Fulleren, das bis zu hundert Mal fester ist als Stahl.

Das Universal-Element

Kohlenstoff ist in fast allem um uns herum enthalten: im Essen, in Baumaterialien, in Kleidern. Auch Stahl, Schießpulver, Bleistifte, Motoren, Filteranlagen, Schmierstoffe, Treibstoffe und Tinte basieren allesamt auf Kohlenstoff. Außerdem lässt sich aus Kohlenstoff der Wunderstoff Graphen herstellen, das mehr Zugfestigkeit als Stahl hat und biegsamer als Gummi ist.

Der Klimawandel-Anheizer

Kohlenstoff hat auch eine finstere Seite. Wenn fossile Energieträger wie Kohle oder Öl verbrannt werden, entsteht Kohlendioxid. Und wenn zu viel Kohlendioxid in die Erdatmosphäre gelangt, speichert es die Hitze der Sonnenstrahlen. Dadurch heizt es die Erde auf, was zur globalen Erwärmung führt.

ALLOTROPE VON KOHLENSTOFF

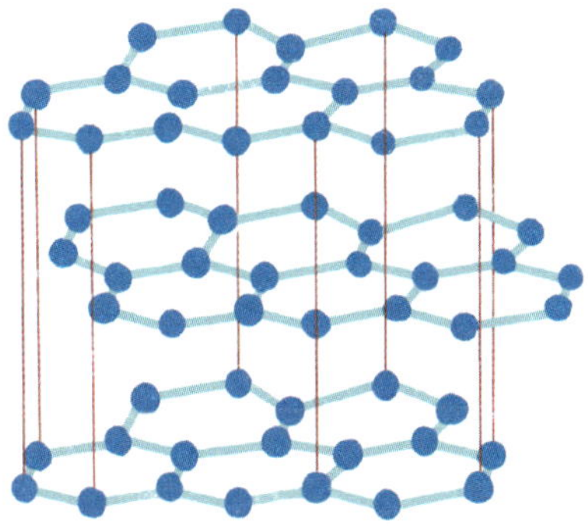

GRAPHIT

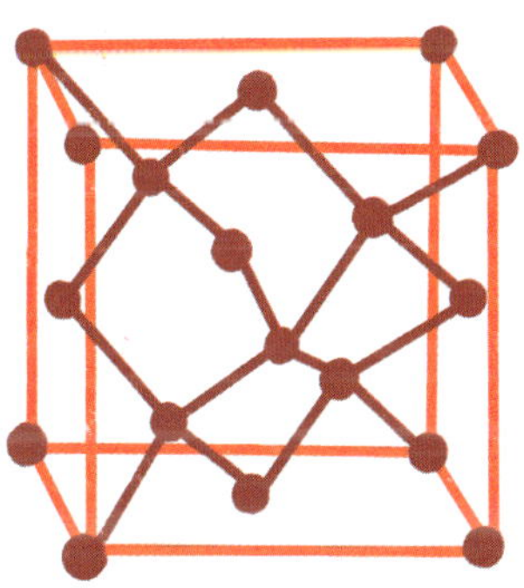

DIAMANT

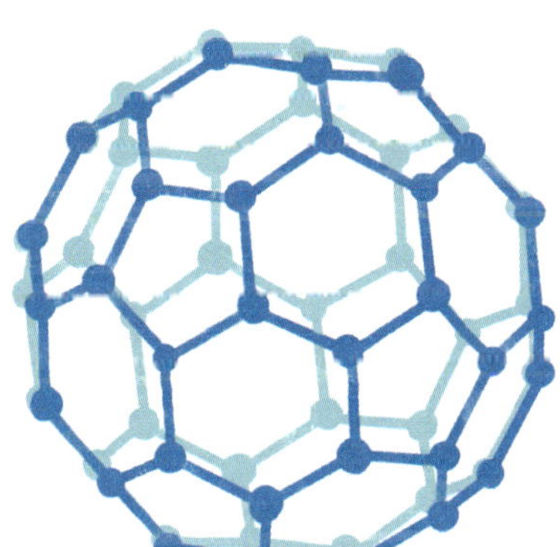

FULLEREN

7 N STICKSTOFF

Unsere Erdatmosphäre besteht bis zu 78 Prozent aus Stickstoff! In der grauen Vorzeit unseres Planeten wurde der in der Erdkruste enthaltene Stickstoff durch Vulkanausbrüche in die Atmosphäre geblasen. Als Gas ist Stickstoff farb- und geruchlos und gilt als reaktionsträge, d.h. es reagiert nicht gern mit anderen Stoffen. Im flüssigen Zustand ist Stickstoff ebenfalls farb- und geruchlos und sieht aus wie Wasser.

Kategorie: Nichtmetalle
Entdeckungsjahr: 1772
Entdecker: der schottische Chemiker Daniel Rutherford
Fun Fact: Titan, der größte Mond des Saturn, hat eine fast nur aus Stickstoff bestehende Atmosphäre. Er ist der einzige Mond in unserem Sonnensystem mit einer dichten Atmosphäre.

Gut für den Körper

Stickstoff gibt es reichlich, und das ist gut, denn für das Leben auf der Erde ist Stickstoff unverzichtbar. Zwar besteht der menschliche Körper nur zu 3 Prozent aus Stickstoff, der aber trotzdem das vierthäufigste Element darin ist. Stickstoff findet sich in fast jeder organischen Materie. Pflanzen brauchen Stickstoff als Nährstoff, und sie können Stickstoff auf eine Weise binden, dass er für andere Organismen nutzbar wird. Obwohl unsere Atmosphäre stickstoffreiche Luft enthält, sind wir auf pflanzliche Nahrung angewiesen, um uns ausreichend mit Stickstoff zu versorgen.

Gleich und Gleich gesellt sich gern

Stickstoffatome bilden eine starke Bindung mit sich selbst, nämlich als N_2, einem Bestandteil unserer Luft. Eine bedeutende Stickstoffverbindung ist das farblose Gas Ammoniak, das verflüssigt als Düngemittel in der Landwirtschaft eingesetzt wird. Etwa 80 Prozent des vom Menschen hergestellten Ammoniaks dienen als Dünger, die übrigen 20 Prozent werden für Kunststoffe, Textilien, Pestizide, Farbstoffe und Reinigungsmittel verwendet.

DER STICKSTOFF-KREISLAUF

1 Stickstoff in der Atmosphäre wird durch Sonnenlicht oder Blitze in Nitrat umgewandelt und gelangt durch Regen in den Boden.

2 Pflanzen nehmen über ihre Wurzeln Nitrat auf, das sie zur Herstellung von Proteinen und für ihr Wachstum benötigen.

3 Stickstoff im Boden wird durch Bakterien, etwa durch die Knöllchenbakterien in den Pflanzenwurzeln, in Nitrat umgewandelt.

4 Tiere, die diese Pflanzen fressen, nehmen das Nitrat auf und wandeln es in tierisches Protein um.

5 Mit den Ausscheidungen der Tiere (Kot und Urin) und durch die Verwesung der Tiere gelangt Stickstoff wieder zurück in den Boden.

8 O SAUERSTOFF

Sauerstoff ist das häufigste Element auf der Erde und das dritthäufigste im Universum (nach Wasserstoff und Helium). Dass Sauerstoff im Überfluss vorhanden ist und er zudem mit vielen Elementen Bindungen eingeht, ist unser Glück. Denn wir sind auf den Sauerstoff in der Luft, die wir atmen, angewiesen, er liefert die Existenzgrundlage für die Menschheit. Nur dank des hohen Sauerstoffgehalts in der Atmosphäre konnten mehrzellige Organismen und höhere Lebensformen wie der Mensch entstehen und sich weiterentwickeln.

Kategorie: Nichtmetalle
Entdeckungsjahr: 1774
Entdecker: der britische Geistliche und Amateurchemiker Joseph Priestly sowie unabhängig von ihm der schwedische Chemiker Carl Wilhelm Scheele
Fun Fact: Falls wir eines Tages einen anderen Planeten mit einer sauerstoffreichen Atmosphäre entdecken, wissen wir, dass es außerirdisches Leben gibt, denn nur Lebewesen setzen Sauerstoff frei.

Der Kreislauf des Lebens

Um sich mit Energie zu versorgen, müssen Tiere und Menschen Sauerstoff über die Atmung aufnehmen (sonst können sie Zucker nicht verbrennen). Der Sauerstoff wird dann beim Ausatmen in Form von Kohlendioxid in die Atmosphäre abgegeben. Pflanzen wiederum bringen bei einem Vorgang, der Fotosynthese genannt wird, das Kohlendioxid mit Wasser zusammen und machen daraus wieder Sauerstoff und Zucker. Dieser Sauerstoff-Kohlenstoff-Kreislauf hält das Leben auf der Erde aufrecht.

Beste Kumpel

Sauerstoff reagiert mit allen Elementen (nur die hochnäsigen Edelgase wollen nichts mit ihm zu tun haben!), und zwar oft durch Verbrennung. Wenn Licht und Hitze (durch eine Flamme) erzeugt werden, bedeutet das normalerweise, dass ein Element mit Sauerstoff reagiert. So entsteht etwa eine Kerzenflamme durch die Reaktion des Kohlenstoffs im Wachs mit dem Sauerstoff in der Luft. Stülpt man jedoch ein Glas über die Kerze und stoppt so die Sauerstoffzufuhr, geht die Flamme aus.

Hilfreich und nützlich

Bei jedem Atemzug verbrauchen wir Sauerstoff, um die in den Zellen gespeicherte Energie freizusetzen und unseren Körper damit zu versorgen. Aber auch für die Energieversorgung in unserem Alltag benötigen wir oft Sauerstoff. Autos werden durch die Verbrennung von Benzin und Sauerstoff angetrieben. In Flaschen abgefüllter Sauerstoff ermöglicht es uns, sauerstoffarme Umgebungen zu erkunden, etwa beim Tauchen, beim Bergsteigen in höheren Regionen oder im Weltraum, wo wir Sauerstoff nicht nur zum Atmen brauchen, sondern auch zur Verbrennung von Raketentreibstoff.

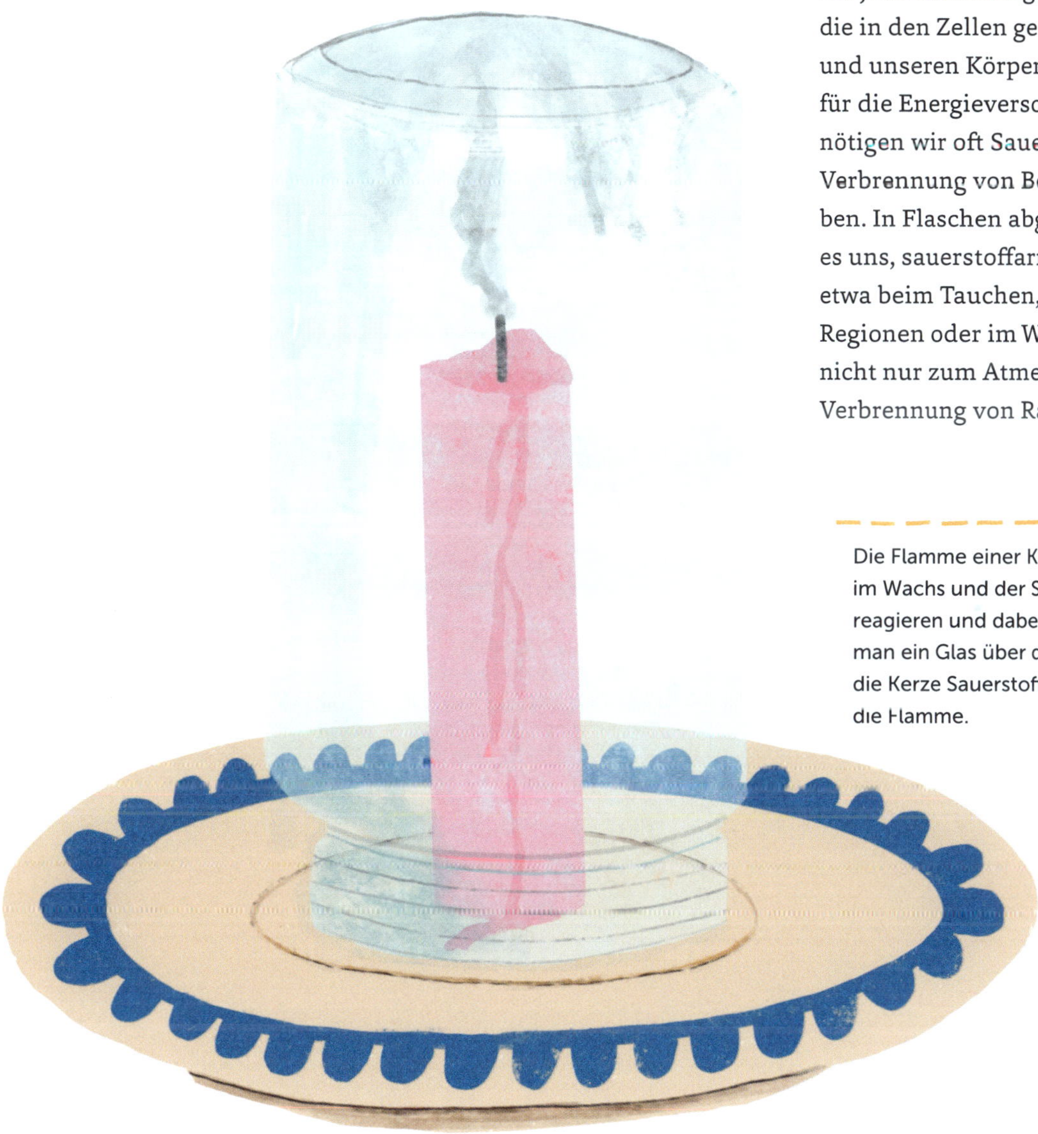

Die Flamme einer Kerze brennt, weil der Kohlenstoff im Wachs und der Sauerstoff in der Luft miteinander reagieren und dabei Energie freigesetzt wird. Stülpt man ein Glas über die Kerze und verhindert so, dass die Kerze Sauerstoff aus der Luft bekommt, verlöscht die Flamme.

9 F FLUOR

Fluor gilt als das reaktionsfreudigste Element des Periodensystems. In Reinform ist es ein giftiges gelbliches Gas, das so reaktiv ist, dass schon winzige Mengen davon in der Luft einen Menschen umbringen können. Fluorwasserstoffsäure, auch Flusssäure genannt, kann sich durch harte Materialien wie Stahl, Glas und Ziegel ätzen. Wegen seiner Giftigkeit fiel es den Wissenschaftlern enorm schwer, Fluor zu isolieren. Das gelang erst Henry Moissan 1886, wofür er 1906 den Nobelpreis erhielt.

Kategorie: Halogene
Entdeckungsjahr: 1886
Entdecker: der französische Chemiker Henry Moissan
Fun Fact: Der Begriff *fluoreszierend* ist von dem Mineral Fluorit (auch Flussspat genannt) abgeleitet, das Fluor enthält und leuchtet, wenn es vorher Licht ausgesetzt war.

Vom Giftgas zum Zahnpasta-Lächeln

In geringen Mengen und in Verbindung mit anderen Elementen verwandelt sich Fluor von einem tödlichen Gas in einen nützlichen Helfer. Ja, man vermutet sogar, dass Fluor für den Menschen ziemlich wichtig ist. So enthält Zahnpasta Fluorid, eine Verbindung aus Fluor und Natrium, die unsere Zähne vor Karies schützen soll. In manchen Ländern, besonders in Amerika und Australien, wird das Leitungswasser mit Fluorid versetzt, weil man in den 1940er-Jahren herausgefunden hat, dass Menschen in Gegenden mit hohem Fluoridanteil im Trinkwasser seltener Karies bekamen.

10 Ne NEON

Neon ist ein ausgesprochen seltenes Element. Nur 0,0018 Prozent der Erdatmosphäre bestehen daraus. Ganz anders als sein Nachbar Fluor ist es das am wenigsten reaktive Element im Periodensystem. Es weigert sich, sich mit irgendeinem anderen Element zu verbinden – nicht einmal mit Fluor. Im natürlichen Zustand ist Neon ein farbloses Gas, das sich erst verflüssigt, wenn es auf mindestens -246 Grad Celsius heruntergekühlt wird.

Kategorie: Edelgase
Entdeckungsjahr: 1898
Entdecker: die britischen Chemiker Sir William Ramsay und Morris Travers
Fun Fact: Verflüssigtes Neon kommt manchmal in der Kryonik zum Einsatz: Bei diesem Verfahren werden Menschen kurz nach ihrem Tod tiefgefroren, weil man hofft, sie irgendwann in der Zukunft wieder zum Leben erwecken zu können.

Im Neonlicht

Der französische Physiker Georges Claude stellte 1910 die ersten Neonleuchtröhren her. Wegen ihres orangefarbenen Lichts waren sie als Raumbeleuchtung wenig gefragt. Also bog Claude die Röhren zu Buchstaben und verkaufte sie als Leuchtschrift an Ladenbesitzer. Das war die Geburtsstunde der Neonleuchtreklame. Wenn Hochspannungsstrom durch eine mit Neon gefüllte Röhre fließt, beginnt das Gas in hellem Orangerot zu leuchten. Heute werden viele bunte Leuchtstofflampen als »Neonlichter« bezeichnet, aber nur die orangefarbenen enthalten tatsächlich Neon. Andersfarbig leuchtendes »Neonlicht« wird mit Quecksilberdampf oder phosphorbeschichtenen Kryptonröhren erzeugt.

11 Na NATRIUM

Wie du vielleicht schon weißt, ist Natrium in unserem Speisesalz enthalten – allerdings nicht als reines Natrium, sondern gebunden als Natriumchlorid. Natrium ist so hochreaktiv, dass es in der Natur nie als einzelnes Element vorkommt, sondern nur in Verbindungen. In seiner Reinform ist es silbrig weiß und so weich, dass es sich mit einem Messer schneiden lässt. Man muss es in speziellen Behältern aufbewahren, damit es nicht mit Luft und Wasser reagiert.

Kategorie: Alkalimetalle
Entdeckungsjahr: 1807
Entdecker: der britische Chemiker Sir Humphry Davy
Fun Fact: Im alten Ägypten benutzte man Natriumgemische zum Mumifizieren von Toten.

Mehr als Speisesalz

Natriumverbindungen können so viel mehr als nur Pommes leckerer machen. Natriumhydroxid steckt ebenso in Seife wie in Abflussreinigern. Das als Natron bekannte Natriumbicarbonat findet sich in manchen kohlensäurehaltigen Getränken und ist der Hauptbestandteil von Feuerlöschpulvern. In der Papier- und Glasherstellung wiederum kommt Natriumsulfat zum Einsatz. Und Natriumchlorid, das auch Halit oder Steinsalz genannt wird, macht 80 Prozent aller gelösten Stoffe in den Meeren aus.

Gut für den Körper

Natrium ist auch für unseren Körper wichtig. Es absorbiert und transportiert Nährstoffe in unserem Organismus, hält den Blutdruck und den Flüssigkeitshaushalt stabil, überträgt Signale in unseren Nervenbahnen, ermöglicht das Anspannen und Entspannen von Muskeln – und das ist längst noch nicht alles!

12
Mg

MAGNESIUM

Magnesium ist ein ausgesprochen geselliger Kamerad, den man stets zusammen mit anderen Elementen antrifft – etwa mit Kohlenstoff, Calcium oder Sauerstoff. Da sich ein Großteil des Magnesiums unseres Planeten im Erdmantel befindet (also der Schicht zwischen der Erdkruste und dem Erdkern), wird es hauptsächlich aus Meerwasser gewonnen, es steckt aber auch in Erzgestein.

Kategorie: Erdalkalimetalle
Entdeckungsjahr: 1755
Entdecker: der britische Naturwissenschaftler Joseph Black
Fun Fact: Jeder Kubikmeter Meerwasser enthält etwa 5,44 Kilogramm Magnesium.

Ist ja blendend!

Wenn man kleine Mengen Magnesium zu Pulver zermahlt, wird es hochentzündlich. Wegen seines blendend weißen Lichts bei der Verbrennung wird Magnesium oft für Feuerwerkskörper und Leuchtkugeln verwendet, allerdings verbrennt es bei so hohen Temperaturen wie kaum ein anderer Stoff — bei 2200 Grad Celsius. Seine Flamme ist so heiß, dass man sie nicht mit Wasser löschen kann.

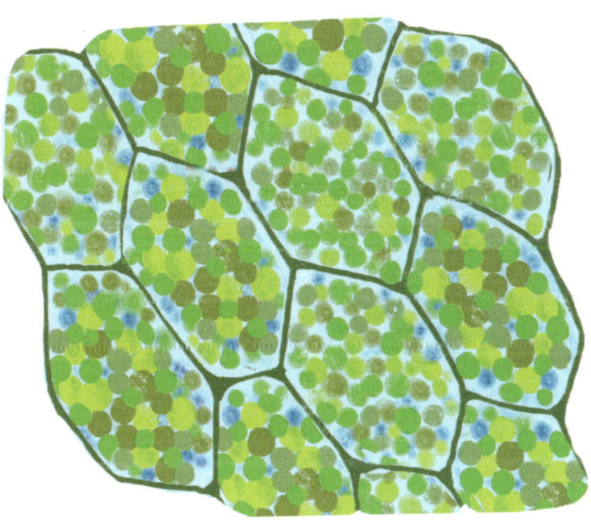

Ein grüner Daumen reicht nicht

Fast alle Lebewesen brauchen Magnesium, und es spielt auch eine wichtige Rolle bei der Fotosynthese. Denn das Magnesium, das die Pflanzen aus dem Boden ziehen, bildet den zentralen Bestandteil von Chlorophyll. Dieser grüne Farbstoff ermöglicht es Pflanzen, mithilfe von Licht Kohlendioxid und Wasser in Glukose und Sauerstoff umzuwandeln.

Gut für den Körper

Auch wir Menschen müssen unserem Körper Magnesium zuführen. Das tun wir, indem wir pflanzliche Nahrung zu uns nehmen, aber auch Fleisch von Tieren essen, die sich wiederum von Pflanzen ernähren. Bis zu 60 Prozent des Magnesiums in unserem Körper befindet sich in den Knochen. Der Rest wird bei mehr als 300 biochemischen Reaktionen benötigt, unter anderem für Nerven-, Muskel- und Herzfunktionen, die Regulierung des Blutzuckerspiegels und die Energiegewinnung aus der Nahrung.

Magnesium ist das zentrale Atom der Chlorophyllmoleküle in den Pflanzenzellen.

PARISER WELTAUSSTELLUNG 1855

13 Al ALUMINIUM

Bei dem Wort Aluminium denkt man meist oft als Erstes an die Alufolie, mit der Lebensmittel eingewickelt werden. Doch das weiche und formbare Aluminium gehört zu den Metallen mit den vielfältigsten Anwendungsmöglichkeiten, die weit über die Küche hinausgehen. Heutzutage ist es so allgegenwärtig, dass man sich wundert, warum es erst Anfang des 19. Jahrhunderts entdeckt wurde. Und sogar dann vergingen noch etliche Jahre, bis man herausfand, wie man es aus dem Erz Bauxit, in dem es hauptsächlich vorkommt, gewinnen konnte.

Kategorie: Metalle
Entdeckungsjahr: 1825
Entdecker: der dänische Chemiker Hans Christian Ørsted
Fun Fact: Das für den Rumpf von Flugzeugen verwendete Aluminium schützt vor Blitzeinschlägen. Es leitet die elektrische Spannung zu den Tragflächen oder zum Leitwerk ab, sodass man im Inneren des Flugzeugs sicher ist.

Das Metall der Könige

Eine Zeit lang galt Aluminium als wertvoller als Gold. Weil die Gewinnung des Aluminiums so teuer war, blieb es Reichen und Begünstigten vorbehalten. Es heißt, am Hof von Napoleon III. von Frankreich habe man Staatsoberhäuptern, die zu Gast waren, kulinarische Köstlichkeiten auf Aluminiumtellern serviert, während sich der niedere Adel mit Goldtellern begnügen musste. Bei der Pariser Weltausstellung 1855 lag ein Aluminiumbarren neben den französischen Kronjuwelen.

Aus Alt mach Neu

Weil es so nützlich, aber teuer und schwierig zu gewinnen ist, wird Aluminium im großen Stil recycelt. Beim Recyceln braucht man nur 5 Prozent der Energie, die bei seiner Gewinnung aus Bauxit nötig wären. Glücklicherweise bestehen Getränkedosen, von denen jedes Jahr Milliarden produziert werden, aus 100 Prozent reinem Aluminium und lassen sich daher einfach und günstig wiederverwerten.

Hilfreich und nützlich

Aluminium ist leicht und rostet nicht. Dank dieser Vorzüge eignet es sich gut für Fensterrahmen, Essensbehälter, Flugzeugrümpfe oder als Gehäuse für moderne Touchscreens. Außerdem ist es ein hervorragender Stromleiter und wird in Verbindungen mit anderen Metallen in Elektrokabeln verbaut.

DIE ZEHN HÄUFIGSTEN ELEMENTE IN DER ERDKRUSTE

Das meiste Eisen auf unserem Planeten befindet sich nicht in der Erdkruste, sondern im Erdmantel und im Erdkern. Man vermutet, dass der obere und der untere Erdmantel aus einer Mischung aus Eisen und Nickel besteht, die schätzungsweise 35 Prozent der Masse unserer Erde ausmacht.

Sauerstoff kommt von allen Elementen am häufigsten in der Erdkruste vor. Auch wenn wir bei Sauerstoff vor allem an das Gas in der Atmosphäre denken, das wir einatmen, ist er zugleich einer der Hauptbestandteile der Mineralien, aus denen die Erdkruste größtenteils besteht.

Unsere Erdkruste setzt sich zu mehr als 90 Prozent aus Silikatmineralien zusammen, die einen hohen Anteil an den Elementen Silizium und Sauerstoff haben. Deshalb ist Silizium das zweithäufigste Element in der Erdkruste.

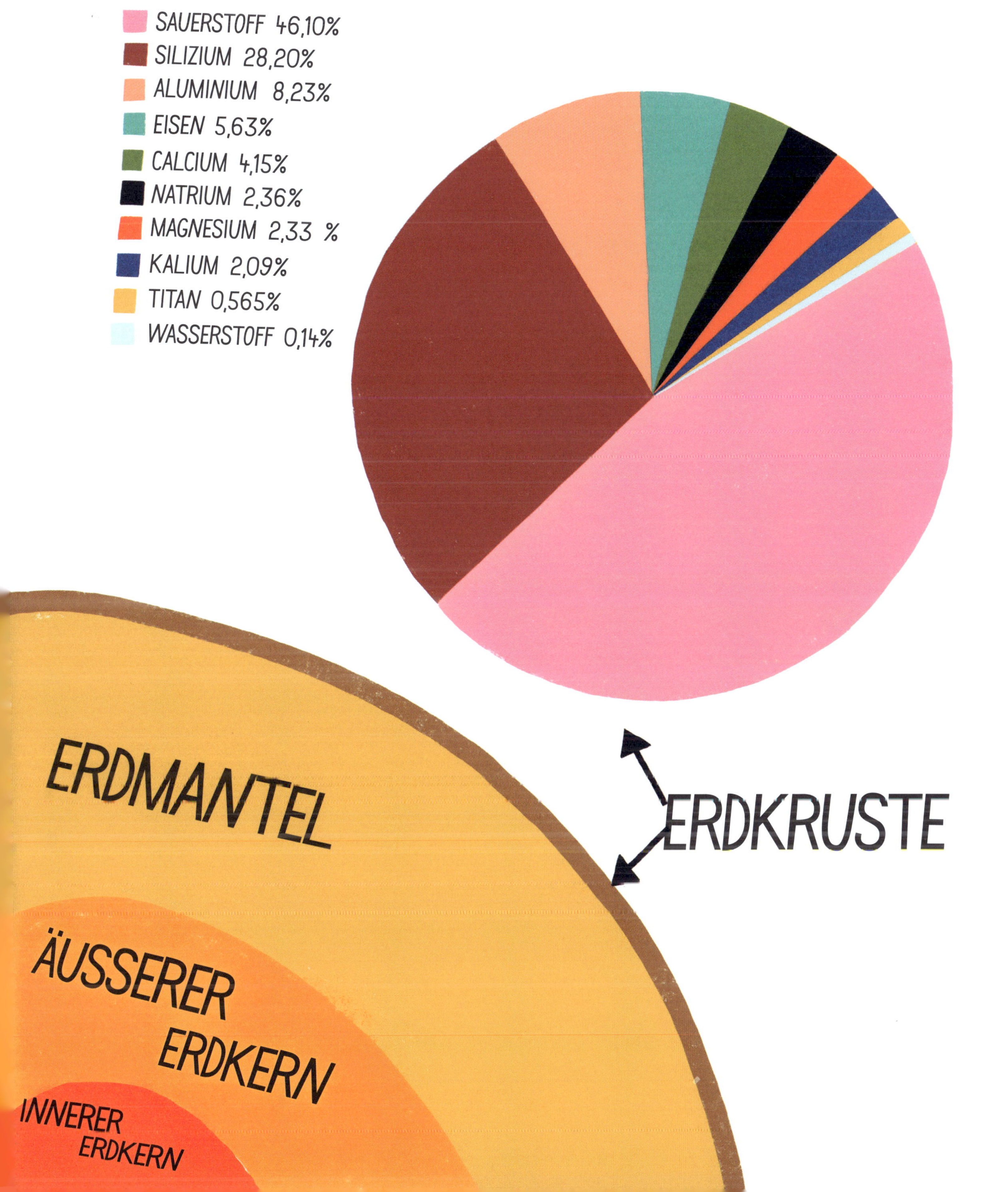
SAUERSTOFF 46,10%
SILIZIUM 28,20%
ALUMINIUM 8,23%
EISEN 5,63%
CALCIUM 4,15%
NATRIUM 2,36%
MAGNESIUM 2,33 %
KALIUM 2,09%
TITAN 0,565%
WASSERSTOFF 0,14%
ERDMANTEL
ERDKRUSTE
ÄUSSERER ERDKERN
INNERER ERDKERN

14 Si SILIZIUM

Silizium ist das zweithäufigste Element auf der Erde – nach Sauerstoff, mit dem Silizium auch am häufigsten Verbindungen eingeht. Etwa 95 Prozent der Minerale auf der Erde enthalten Silizium, wobei es sich in den allermeisten Fällen um Verbindungen mit Sauerstoff handelt, die sogenannten Silikate. Eines der am weitesten verbreiteten Silikate ist der natürlich vorkommende Sand an Meeresstränden.

Kategorie: Halbmetalle
Entdeckungsjahr: 1824
Entdecker: der schwedische Chemiker Jöns Jacob Berzelius
Fun Fact: Der Mensch hat sich Silizium schon vor langer Zeit zunutze gemacht. Zahlreiche Werkzeuge aus der Steinzeit, etwa Speerspitzen und Schneidewerkzeuge, bestanden aus Steinen auf Silikatbasis, wie Quarz und Feuerstein.

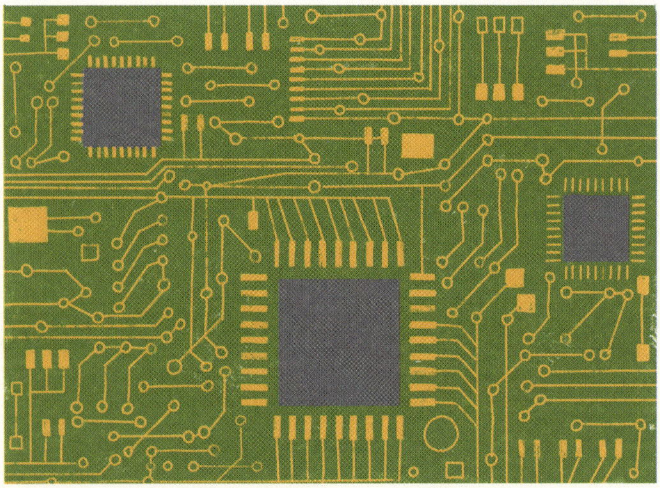

Die Hauptplatinen von Computern sind mit vielen integrierten Schaltkreisen bestückt, die aus Silizium bestehen.

Der IT-Spezialist

In den letzten fünfzig Jahren ist Silizium für uns enorm wichtig geworden, weil es eine ganz wesentliche Rolle beim Computerbau spielt. In Kalifornien wird eine ganze Region Silicon Valley (auf Deutsch Silizium-Tal) genannt, weil sich dort so viele IT-Unternehmen angesiedelt haben. Mikrochips regeln mithilfe von Silizium den Stromfluss. In seiner Reinform leitet Silizium Strom nur schlecht, doch in Verbindung mit anderen Elementen wird es zu einem Halbleiter mit einzigartigen Stromleitfähigkeiten.

Hilfreich und nützlich

Das vielseitige Silizium kommt auch in Sonnenkollektoren, die Sonnenlicht in elektrische Energie umwandeln, zum Einsatz. Aus Silikaten werden Glas, Ziegel und Keramik hergestellt. Und Silizium ist ein Bestandteil von Silikon, das beispielsweise als Dichtmasse, als Schmiermittel und für biegsame Kochutensilien genutzt wird.

15 P PHOSPHOR

Phosphor kommt hauptsächlich in drei festen Formen vor: als giftiger und gefährlicher weißer Phosphor, der sich an der Luft selbst entzündet; als nicht ganz so gefährlicher, stabilerer roter Phosphor; und als seltener schwarzer Phosphor. Zwar spielt Phosphor als Baustein des Lebens eine wichtige Rolle, aber er kommt in der Natur niemals in Reinform vor.

Kategorie: Nichtmetalle
Entdeckungsjahr: 1669
Entdecker: der deutsche Kaufmann und Alchemist Hennig Brand
Fun Fact: Die Streichfläche an Zündholzschachteln enthält Phosphor, der als Zünder wirkt, wenn man mit dem Streichholzkopf darüberreibt.

Die Pipi-Geschichte

Der deutsche Alchemist Hennig Brand entdeckte das Element Phosphor im 17. Jahrhundert. Bei seiner unermüdlichen Suche nach dem sagenhaften Stein der Weisen kam er auf die Idee, Urin zu kochen (vielleicht weil ihn die gelbe Farbe an Gold erinnerte?). Was nach langem Kochen übrig blieb, war eine gespenstisch leuchtende Substanz: weißer Phosphor, der mit Sauerstoff reagierte. Brand war hocherfreut über seine Entdeckung und hielt sie jahrelang geheim, weil er glaubte, einen Stoff mit Zauberkraft gefunden zu haben. Später gab er ihm den Namen phosphorus, was »Lichtträger« bedeutet.

In unserer DNA

Phosphate entstehen durch die Verbindung von Phosphor mit Sauerstoff. Sie sind unverzichtbar für alles Leben, denn sie sind nicht nur in unserer DNA enthalten, sondern auch ein Bestandteil von ATP (Adenosintriphosphat), das wir für die Bereitstellung von Energie in unseren Zellen brauchen. Gehärtetes Calciumphosphat steckt sogar in unseren Knochen.

Unerwünschtes Wachstum

Phosphor ist ein Bestandteil von Dünger, der pflanzliches Wachstum anregt. Doch durch Verschmutzung oder durch zu viel Einsatz kann Phosphor in Flüsse und Seen gelangen, wo er ein übermäßiges Wachstum von Algen und anderen Pflanzen bewirkt und das Trinkwasser verunreinigt.

BÄH, HIER STINKT'S!

Reiner **Schwefel** riecht nicht, aber viele seiner Verbindungen sind echte Stinkmorcheln! Schwefelverbindungen, die »Thiole« genannt werden, sind für den stechenden Geruch von Stinktiersekret, faulen Eiern und Fürzen verantwortlich. Dass Fürze stinken, liegt an dem Gas, das bei der Aufspaltung schwefelhaltiger Nahrung im Körper entsteht.

Im Periodensystem steht direkt unter Schwefel **Selen,** das genauso übel riecht wie sein Nachbar. Viele Chemiker behaupten, der Gestank von Selenwasserstoff sei der schlimmste überhaupt (und andere Chemiker verzichten ganz darauf, sich ein eigenes Urteil zu bilden).

Den typischen stechenden Geruch von **Brom** kennst du vielleicht von Swimmingpools oder Whirlpools, wo es manchmal zur Wasserdesinfektion benutzt wird. Der Name geht auf das griechische Wort bromos für »Gestank« zurück.

Eng verwandt mit Schwefel und Selen ist **Tellur,** das ebenfalls dafür sorgen kann, dass andere Menschen das Weite suchen. Wenn jemand nur ein halbes Mikrogramm Tellur zu sich nimmt, hat der oder die Betreffende 30 Stunden lang einen extrem starken Knoblauch-Mundgeruch.

Der englische Chemiker Smithson Tennant fand den stechenden Geruch von **Osmium** so widerlich, dass er das Element nach dem griechischen Wort *osme* für »Geruch, Gestank« benannte.

16 S SCHWEFEL

Der für seinen Geruch berühmt-berüchtigte Schwefel ist eines der wenigen Elemente, die in Reinform in der Natur vorkommen. Das gelbe, kristalline Element findet man hauptsächlich in Vulkankratern und heißen Quellen.

Kategorie: Nichtmetalle
Entdeckungsjahr: bekannt seit prähistorischer Zeit, 1777 als Element erkannt
Entdecker: der französische Chemiker Antoine-Laurent de Lavoisier
Fun Fact: Schon in der Antike benutzte man Schwefeldioxid, um die Häuser von Pestkranken auszuräuchern, und hielt noch bis ins 19. Jahrhundert an dieser Praxis fest.

Hilfreich und nützlich

Rund 85 Prozent des Schwefels werden zu Schwefelsäure verarbeitet, eine ätzende, ölige Flüssigkeit, die bei der Produktion von Dünger, beim Raffinieren von Erdöl und zum Entfernen von Rost an Eisen und Stahl eingesetzt wird. Mit Schwefelverbindungen lässt sich der für Reifen benötigte Kautschuk härten, Trockenobst haltbar machen und Batteriesäure herstellen. Außerdem hat das Element antibakterielle Eigenschaften, die es für medizinische Zwecke nützlich macht.

Tief unter der Erdoberfläche heizt sich durch hohen Druck und die Nähe zum Erdkern Wasser auf, das den Schwefel aus dem Boden und den Steinen ringsum löst. Der Schwefel verbindet sich dann mit Sauerstoff zu Sulfat, das den Thermalquellen ihren unangenehmen Geruch beschert.

17 Cl CHLOR

Als reines Element, das in der Natur nie vorkommt, ist Chlor ein hochreaktives und gefährliches Gas von grün-gelblicher Farbe. In Kombination mit anderen Elementen ist Chlor jedoch sehr nützlich und wird für Körperfunktionen, etwa in Muskeln und Nerven, benötigt. Auch unser Schweiß enthält Chlor. Die in unserem Magen produzierte Chlorwasserstoffsäure (besser bekannt als Salzsäure) hilft uns bei der Nahrungsverdauung.

Kategorie: Halogene
Entdeckungsjahr: 1774
Entdecker: der schwedische Chemiker Carl Wilhelm Scheele
Fun Fact: In einigen Ländern wird Leitungswasser heute oft mit Chlor versetzt. Zum ersten Mal machte man das 1897 in England nach einem Typhusausbruch. Das dem Trinkwasser zugesetzte Chlor tötete die krankheitserregenden Bakterien ab, sodass die Epidemie unter Kontrolle gebracht werden konnte.

Beste Kumpel

Chlor tut sich mit anderen Elementen zu vielerlei Verbindungen zusammen, von denen uns etliche gute Dienste leisten. Mit Natriumchlorid beispielsweise, besser bekannt als Speisesalz, würzen wir gern unsere Speisen. Chlorwasserstoff hingegen wird zusammen mit Wasser zu Salzsäure, einer sehr starken Säure, die man in der Industrie zum Entfernen von Rost auf Stahl verwendet.

Hilfreich und nützlich

Chlor findet sich in Papiererzeugnissen, Desinfektionsmitteln, Textilien, Arzneien, Insektiziden, Farben und Lösungs- und Färbemitteln, aber auch in Batterien, in Speisegelatine und in PVC, einem äußerst robusten Kunststoff. Am bekanntesten dürfte Chlor als Bakterienkiller in Schwimmbädern sein.

Riskante Sache

In seiner natürlichen Gasform kann Chlor beim Menschen Gesundheitsschäden hervorrufen. Denn Chlor schädigt die Atmungsorgane. Wird es eingeatmet, können Lungenödeme entstehen, bei denen sich Wasser in der Lunge sammelt, was zu Atembeschwerden führt. Deshalb wird Chlorgas bedauerlicherweise auch als chemische Waffe eingesetzt.

FÜR IHREN POOL
chlortabletten
Lösungsmittel
500 ml
Haus
und
Garten
INSEKTENSPRAY
GEGEN INSEKTEN
CHLOR-
BLEICHE
NET WT14 OZ

18 Ar ARGON

Argon steht im Ruf, ein träges Element zu sein, gewissermaßen der Faulpelz des Periodensystems. Benannt nach dem griechischen Wort *argos,* was »untätig, träge« heißt, hat es wie alle Edelgase kein Interesse daran, mit anderen Elementen gemeinsame Sache zu machen. Allerdings ist es – nach Stickstoff und Sauerstoff – das dritthäufigste Gas in der Erdatmosphäre.

Kategorie: Edelgase
Entdeckungsjahr: 1894
Entdecker: die britischen Chemiker Lord Rayleigh und Sir William Ramsay
Fun Fact: Eigentlich ist Argon farblos, doch wenn man elektrische Spannung anlegt, strahlt es ein blauviolettes Licht aus, das man von Leuchtschriftreklame kennt.

Hilfreich und nützlich

Argon mag »faul« sein, ist aber gerade wegen seiner Trägheit nützlich. In der Luft ist es reichlich vorhanden und lässt sich daher kostengünstig gewinnen: Zuerst wird Luft bis zur Verflüssigung heruntergekühlt und dann das jeweilige Gas bei seinem Siedepunkt extrahiert. Wenn Metallbearbeitung bei hohen Temperaturen stattfinden muss, etwa beim Schweißen, wird die Flamme mit Argongas umhüllt, damit das Metall nicht mit Sauerstoff reagiert (denn Sauerstoff ist alles andere als ein träges Gas und reagiert praktisch mit *allem*). Weil Argon ein schlechter Wärmeleiter ist, eignet es sich gut zur Wärmeisolierung; man findet es beispielsweise bei mehrfach verglasten Fenstern zwischen den Scheiben. Und dank des in Glühbirnen enthaltenen Argons kann der Glühfaden hell und heiß brennen, ohne mit Sauerstoff zu reagieren.

19 K KALIUM

Kalium, ein weiches, wachsartiges Metall, das sich mit dem Messer schneiden lässt, ist hochreaktiv und taucht in der Natur nie in Reinform auf. In Verbindungen ist es jedoch ein sehr nützliches, ja sogar lebensnotwendiges Element.

Kategorie: Alkalimetalle
Entdeckungsjahr: 1807
Entdecker: der britische Chemiker Sir Humphry Davy
Fun Fact: Bananen sind wegen ihres hohen Kaliumgehalts radioaktiv! Tatsächlich ist alles, was wir essen, in gewissem Maß radioaktiv.

Pottasche

Wenn man Pflanzen verbrennt und die übrig gebliebene Asche in Wasser auflöst, erhält man eine Lösung aus beinahe reinen Kaliumsalzen. Diese Substanz wird »Kali« oder »Pottasche« genannt und seit Jahrhunderten als Dünger verwendet, weil es die Bodenqualität und das Pflanzenwachstum verbessert. Zu den vielen Vorzügen, die Kali für Pflanzen hat, gehört, dass es deren Wasserhaushalt reguliert, ihre Trockenheitsresistenz erhöht und Enzyme aktiviert, die das Wachstum anregen.

Gut für den Körper

Kalium ist ein lebenswichtiger Nährstoff. Es ist ein Elektrolyt, das heißt, es transportiert elektrische Impulse zwischen Zellen hin und her. Zusammen mit Natrium wird es für die Muskelkontraktion benötigt. Wenn man schwitzt oder eine Magen-Darm-Grippe hat, verliert man Elektrolyte, und der Kaliumspiegel im Körper sinkt. Kaliummangel kann zu Erschöpfung, Krämpfen und sogar geistiger Verwirrung führen. In diesem Fall muss der Elektrolytverlust ausgeglichen werden, etwa indem man Bananen, Aprikosen, Linsen, Brokkoli und Zuckermelonen isst, die unserem Körper viel Kalium liefern.

20 Ca CALCIUM

Calcium steckt überall um uns herum in der Erdkruste. Und es ist auch in uns selbst vorhanden. Die Knochen und Zähne jedes Menschen enthalten durchschnittlich ein knappes Kilogramm davon. In seiner reinen Form ist Calcium ein silbriges Metall, aber so kommt es in der Natur nie vor, weil es sowohl mit Luft als auch mit Wasser reagiert. Am häufigsten treffen wir in der Natur auf die Verbindung Calciumcarbonat: in Kalksteinfelsen, Meereskorallen und Muscheln.

Kategorie: Erdalkalimetalle
Entdeckungsjahr: 1808
Entdecker: der britische Chemiker Sir Humphry Davy
Fun Fact: Dass man auf Röntgenbildern die Knochen sieht, liegt am Calcium. Denn das Calcium in den Knochen absorbiert die Strahlung, das weiche Gewebe hingegen lässt Röntgenstrahlen durch. Das Ergebnis: Unsere Knochen zeichnen sich auf dem Röntgenbild weiß ab!

Gut für den Körper

Den Spruch »Die Milch macht's« hast du vielleicht schon in der Werbung gehört. Gemeint ist damit, dass das in der Milch enthaltene Calcium die Knochen und Zähne stärkt. Muttermilch enthält sogar alle wichtigen Vitamine und Mineralstoffe, die Babys zum Wachsen brauchen. Weil Calcium so wichtig für unsere Körperfunktionen ist, speichern es unsere Knochen und Zähne in Form von Calciumphosphat. Wenn wir mit unserer Nahrung zu wenig Calcium aufnehmen, wird den Knochen Calcium entzogen; sie wachsen dann nicht mehr richtig oder werden brüchig. Milchprodukte, grünes Blattgemüse, Bohnen und einige Fischarten gehören zu den calciumreichen Lebensmitteln.

Kreidezeit ist immer noch!

Calciumcarbonat, der Hauptbestandteil von Kalkstein, ist ein kalkhaltiges Sedimentgestein, also aus Ablagerungen von Korallen und Muscheln entstanden. Man verwendet glatt polierten Kalkstein gern für dekorative Fliesen und Arbeitsplatten, aber er ist auch ein wichtiger Bestandteil von Beton. Eine weitere kalkhaltige Substanz ist Calciumsulfat, bekannt als Gips, der auf Baustellen eingesetzt wird. Und man stellt die Gipsverbände daraus her, mit denen Knochen nach einem Bruch geschützt werden (Calcium auf Calcium). Auch du hast bestimmt schon einmal Gips in der Hand gehabt – denn daraus ist Kreide gemacht!

vitamin d milch
milch
KLASSE A
PASTEURISIERT
VITAMIN D
MILCH
VITAMIN D
milch

21 Sc SCANDIUM

Scandium ist ein weiches, leichtes Metall, das Aluminium ähnelt und sich eigentlich auf vielerlei Weise nutzen lässt. Aber warum hört man dann so wenig davon? Nun, Scandium ist in der Erdkruste zwar gar nicht mal so selten, aber spärlich verteilt. Im Gegensatz zu anderen Metallen kommt Scandium nicht konzentriert an einem Ort vor, man muss also große Mengen von Material abbauen und verarbeiten, um eine winzige Menge nutzbaren Erzes daraus zu gewinnen. Der gesamte Welthandel mit Scandium beträgt gerade einmal 5 bis 15 Tonnen pro Jahr.

Kategorie: Übergangsmetalle
Entdeckungsjahr: 1879
Entdecker: der schwedische Chemiker Lars Fredrik Nilson
Fun Fact: Der Vater des Periodensystems, Dmitri Mendelejew (S. 16), sagte bereits 1871 voraus, dass es ein Element zwischen Calcium und Titan gibt, aber es dauerte noch fast ein ganzes Jahrzehnt, bis es von Nilson entdeckt wurde. Er nannte es Scandium nach seiner Heimat Skandinavien.

Klein, aber oho!

Obwohl Scandium nur in geringen Mengen produziert wird, ist es von großem Nutzen. Schon ein Anteil von nur 0,1 Prozent Scandium verbessert die Festigkeit von Aluminiumlegierungen und ergibt ein widerstandsfähiges Metall, das sich ideal für den Flugzeugbau und Sportgeräte wie Fahrradrahmen und Baseballschläger eignet. Scandium findet man auch in Halogen-Metalldampflampen, deren starkes bläuliches Licht etwa auf Parkplätzen, in großen Fachmärkten und Sportstadien zum Einsatz kommt.

BEDROHTE ELEMENTE

Diese Elemente werden zwar nicht von der Erde verschwinden (mit Ausnahme von Helium, das in den Weltraum entweicht). Aber durch die menschliche Nutzung wurden sie über den ganzen Planeten verteilt und kommen kaum noch konzentriert vor. Das macht es schwierig, sie zurückzugewinnen, sie gelten daher als »bedroht«. Bei diesem Wort denkt man zuerst eher an Tierarten, aber auch Elemente werden als bedroht bezeichnet, selbst wenn sie weder aussterben noch verschwinden. Wenn ein Element bedroht ist, heißt das, dass wir nur noch begrenzten Zugang zu ihm haben.

Zwar ist **Helium** das zweithäufigste Element im Universum, auf der Erde ist es jedoch ein Zerfallsprodukt aus natürlichem Uran und Thorium. Es hat sich im Lauf von Milliarden von Jahren gebildet, und wir verbrauchen es schneller, als es entstehen kann.

Die Nachfrage nach **Indium** ist in den letzten Jahren stark gestiegen, da man es in Form von Indiumzinnoxid für Touchscreens braucht. Wissenschaftler entwickeln immer effizientere Methoden, um das Erz aus der Erde zu gewinnen und aus ausrangierten Geräten zu recyceln.

In voraussichtlich dreißig Jahren kann der Bedarf an **Phosphor**, der in der modernen Landwirtschaft als Düngemittel eingesetzt wird, nicht mehr gedeckt werden. Wissenschaftler arbeiten jedoch an Methoden zur Rückgewinnung von Phosphor aus dem Urin in unserem Abwasser!

Für grüne Technologien wie Windkraftanlagen und Hybridautos sind Metalle der Seltenen Erden (SEE) – die 15 **Lanthanoide** sowie **Scandium** und **Ytterbium** – unverzichtbar. Aufgrund ihrer ähnlichen chemischen Eigenschaften ist es schwierig und teuer, sie voneinander zu isolieren, und die Nachfrage beginnt das Angebot zu übersteigen.

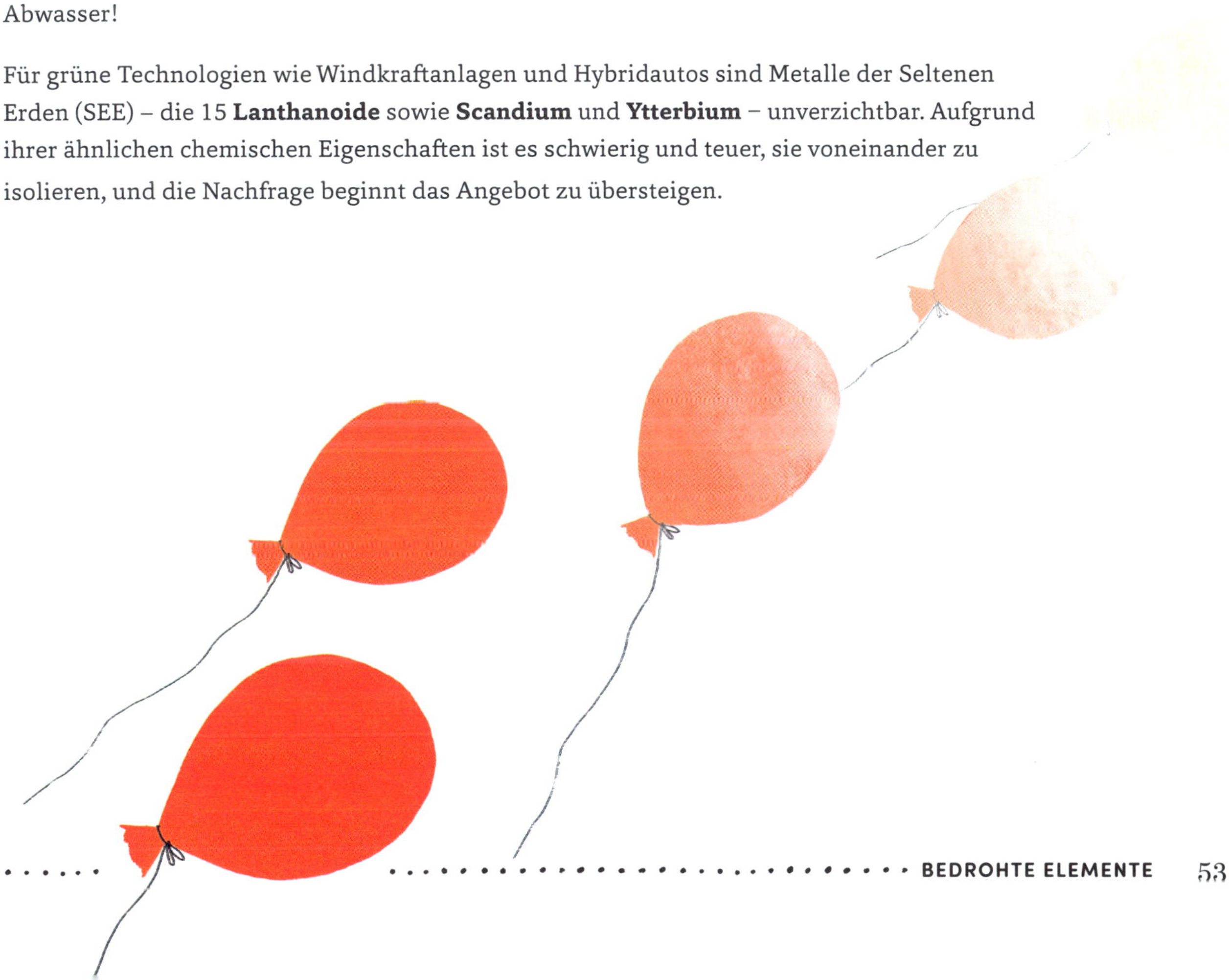

22 Ti TITAN

Titan, benannt nach den Titanen aus der griechischen Mythologie, ist einer der Superhelden des Periodensystems. Das Metall ist fest, leicht und rostet nicht. Zwar ist Titan auf der Erde reichlich vorhanden, aber schwer zu gewinnen und daher eine teure Ressource.

Kategorie: Übergangsmetalle
Entdeckungsjahr: 1791
Entdecker: der englische Geistliche und Mineraloge William Gregor
Fun Fact: Satellitenbilder von NASA-Sonden zeigen, dass der Mond von titanreichem Gestein bedeckt ist. Während Titan nur etwa 1 Prozent des Gesteins auf der Erde ausmacht, sind es auf dem Mond bis zu 10 Prozent.

Nicht leicht zu haben

Titan kommt in den meisten Vulkangesteinen vor (die durch die Abkühlung von Lava entstanden sind). Wenn du ein wenig Sand aufhebst, hältst du Titan in den Händen. Reines Titanmetall jedoch muss im sogenannten Kroll-Prozess mühsam aus Titandioxid gewonnen werden, indem titanreicher Sand mit Kohlenstoff und Chlorgas erhitzt wird, sodass Titantetrachlorid entsteht. Diese Flüssigkeit wird mit Magnesium immer weiter reduziert, was am Ende reines Titanmetall freisetzt.

Hilfreich und nützlich

Trotz der hohen Kosten ist Titan wegen seiner Festigkeit und seines geringen Gewichts nicht nur für Raketen und Flugzeugmotoren das Element der Wahl, sondern auch bei Sportgeräten wie Fahrradrahmen, Golfschlägern und Inlineskates gefragt. Es löst nur selten Allergien aus und kann problemlos als Schmuck am Körper getragen werden, aber auch im Körper: in Form von künstlichen Gelenken oder als Schädel- und Zahnimplantat. Körperflüssigkeiten machen Titan wenig aus, und Knochen verwachsen mit Titanimplantaten.

Noch nützlicher im Team!

Wenn sich Titan mit Sauerstoff zusammentut, entsteht Titandioxid, das weitere erstaunliche Einsatzmöglichkeiten eröffnet. Die undurchsichtige weiße Substanz dient als Grundstoff für Farben und sorgt manchmal auf bedrucktem Papier auch dafür, dass die Druckerschwärze nicht von der einen auf die nächste Seite durchscheint. Zudem ist Titandioxid lichtbrechend und absorbiert ultraviolette Strahlen, sodass es als Wirkstoff in Sonnencremes unsere Haut schützt.

PHÖNIX
Künstler-
ÖLFARBE
TITANWEISS
FARBE
40
SONNENLOTION
250 ml

23 V VANADIUM

Vanadium versteht sich auf harte Arbeit und Teamplay. Wird dieses silbrig glänzende Metall mit Stahl legiert, entsteht ein festeres und leichteres Material. Der Automobilpionier Henry Ford sagte sogar, Vanadium-Stahl sei für das erste in Massenproduktion hergestellte Automobil, das Modell T, unverzichtbar gewesen.

Kategorie: Übergangsmetalle
Entdeckungsjahr: 1801
Entdecker: der spanisch-mexikanische Wissenschaftler Andrés Manuel del Río
Fun Fact: Das Element ist nach dem Beinamen Vanadis der nordischen Gottheit Freya benannt, deren Streitwagen angeblich von zwei Katzen gezogen wurde.

Hilfreich und nützlich

Schon 0,15 Prozent Vanadium in der Legierung reichen, um Stahl fester und leichter zu machen. Und damit vanadiumlegierter Stahl seine Härte auch bei hohen Temperaturen beibehält, eignet er sich bestens für Waffen und Werkzeuge. In der Antike fertigten Schmiede aus Vanadiumlegierungen die sogenannten Damaszenerklingen: Messer und Schwerter von geradezu legendärer Stärke und Schärfe. Heute findet man Vanadium in jedem Werkzeugkasten, es macht Bohrer, Schraubenschlüssel, Zangen und vieles andere haltbarer.

24 Cr CHROM

Chrom ist hart und glänzend, lässt sich auf Hochglanz polieren und rostet nicht. In den 1950er- und 1960er-Jahren verchromte man gern Stoßstangen und Felgen von Autos und Motorrädern, was damals als todschick galt. Aber Chrom in Reinform glänzt nicht nur, es verhindert auch, dass das Metall darunter rostet, weshalb man häufig andere Metalle wie Stahl oder Nickel dünn damit beschichtet.

Kategorie: Übergangsmetalle
Entdeckungsjahr: 1797
Entdecker: der französische Chemiker Nicolas-Louis Vauquelin
Fun Fact: Amerikanische Schulbusse waren mit Chromgelb lackiert, bis man herausfand, wie giftig dieses Bleisalz der Chromsäure ist. Auch heute noch sind die amerikanischen Schulbusse gelb, aber inzwischen werden ungiftige Farbpigmente verwendet.

In allen Farben des Regenbogens

Du wunderst dich vielleicht, warum der Name Chrom auf das griechische Wort für Farbe, chroma, zurückgeht. Schließlich ist es in seiner Reinform ein graues Metall. Aber wenn man es mit anderen Elementen mischt, entsteht eine ganze Farbpalette, von dunkelrotem Chromtrioxid über kräftiges Chromsesquioxid-Grün bis hin zum violetten wasserfreien Chromtrichlorid. All diese Pigmente werden seit dem 18. Jahrhundert in Farben und Färbemitteln eingesetzt. Aber Chrom verleiht auch Edelsteinen wie Rubinen, Smaragden und Alexandriten ihre satte Farbe.

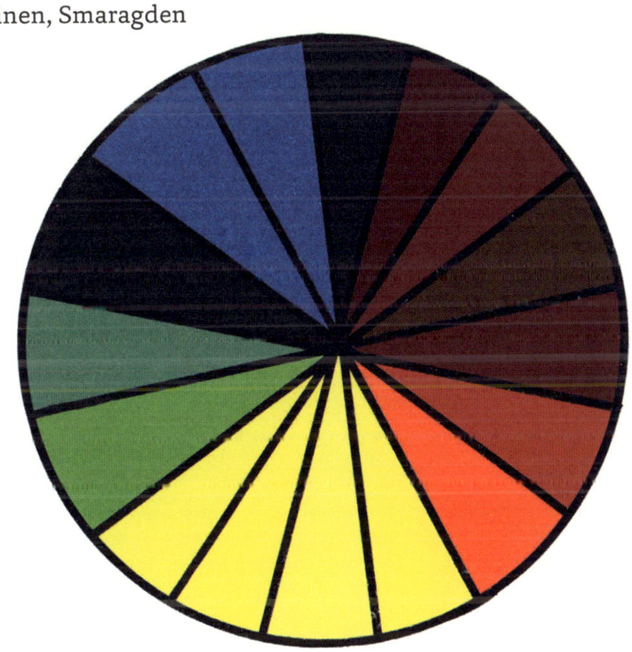

25 Mn MANGAN

Mangan ist ein hartes, sprödes, silbrig weißes Metall, das in einer Vielzahl von Mineralen enthalten ist. Im Meer kommt es in Form von Manganoxid vor, das sich im Lauf von Millionen Jahren in Schichten auf dem Meeresboden abgelagert hat und sich dort in großen Mengen findet.

Kategorie: Übergangsmetalle
Entdeckungsjahr: 1774
Entdecker: der schwedische Chemiker Johan Gottlieb Gahn
Fun Fact: Unsere Urahnen haben die mindestens 17 000 Jahre alten Höhlenbilder mit schwarzen Manganoxid-Pigmenten gemalt.

Stärkerer Stahl

Etwa 90 Prozent des geförderten Manganmetalls werden in der Stahlindustrie verarbeitet. Als man mit der industriellen Stahlproduktion begann, musste man häufig feststellen, dass der Stahl beim Walzen oder Schmieden brach. Wie man dann aber herausfand, sorgte der Zusatz geringer Mengen Mangan zum Stahl dafür, dass sich Sauerstoff und Schwefel verflüchtigten, wodurch der Stahl fester wurde und dennoch formbar blieb. Wegen ihrer Beständigkeit werden Manganlegierungen bei Eisenbahnschienen und Gefängnisgittern eingesetzt.

Gut für den Körper

Mangan sorgt unter anderem für gesundes Knochenwachstum und unterstützt den Stoffwechsel – etwa bei der Energiegewinnung aus Fetten und Kohlehydraten –, die Bildung von Bindegewebe sowie die Aufnahme von Calcium, und es hilft bei der Regulierung des Blutzuckers. Unseren Bedarf an Mangan decken wir durch den Verzehr von Brot, Nüssen, Müsli und Gemüse.

DIE ELEMENTE IM MENSCHLICHEN KÖRPER

Der menschliche Körper besteht zu 99 Prozent aus nur sechs Elementen: Sauerstoff, Kohlenstoff, Wasserstoff, Stickstoff, Calcium und Phosphor. Die fünf Elemente Kalium, Schwefel, Natrium, Chlor und Magnesium machen weitere 0,85 Prozent aus. Mangan, Zink, Jod, Selen, Chrom, Lithium, Molybdän und Cobalt kommen in unserem Körper nur in Spuren vor, sind aber ebenfalls lebenswichtig.

Sauerstoff 65%. Unverzichtbar für die Umwandlung von Nahrung in Energie.

Kohlenstoff 18,5%. Der Grundbaustein der Zellen in unserem Körper.

Wasserstoff 9,5%. Hilft beim Transport von Nähr- und dem Abbau von Abfallstoffen sowie bei der Regulierung der Körpertemperatur und produziert Energie.

Stickstoff 3,3%. Stickstoff ist ein Hauptbestandteil der körpereigenen Aminosäuren, aus denen die Proteine gebildet werden, die wir zur Energiegewinnung benötigen.

Calcium 1,5%. Der größte Teil des Calciums dient der Stärkung unserer Knochen und Zähne.

Phosphor 1%. Hilft Zellen und Gewebe im Körper beim Wachsen und beim Reparieren von Schäden.

Kalium 0,4%. Hilft den Nerven bei der Übertragung elektrischer Signale und sorgt für einen ausgeglichenen Wasserhaushalt im Körper.

Schwefel 0,3%. Ermöglicht Aminosäurenverbindungen und fördert die Bildung von Knorpelgewebe und von Keratin in Nägeln, Haaren und Haut.

Chlor 0,2%. Hilft bei der Signalübertragung der Nerven und produziert Magensäfte.

Natrium 0,2%. Unterstützt im Nervensystem die elektrische Signalübertragung und reguliert den Wasserhaushalt im Körper.

Magnesium 0,1 %. Spielt beim Aufbau von Skelett und Muskeln eine wichtige Rolle und trägt zur Energieversorgung der Zellen bei.

26 Fe EISEN

Eisen ist das häufigste und magnetischste der natürlich vorkommenden Elemente auf der Erde. Unser Erdkern besteht zu 80 Prozent aus flüssigem Eisen. In seiner Reinform ist Eisen ein weiches, graues Metall, das sehr reaktionsfreudig ist und rostet, wenn es mit Luft oder Wasser in Berührung kommt. Es bekommt dann eine rötlich braune Farbe – eben rostbraun.

Kategorie: Übergangsmetalle
Entdeckungsjahr: in vorgeschichtlicher Zeit
Entdecker: unbekannt
Fun Fact: Das Eisen in der Erde würde für drei neue Planeten mit der Masse des Mars reichen.

Ein Schutzschirm aus Eisen

Ohne Eisen gäbe es das Magnetfeld der Erde nicht. Der Fluss des geschmolzenen Eisens im Erdkern erzeugt elektrische Ströme, die wiederum ein Magnetfeld erzeugen. Dieses Feld reicht Zehntausende von Kilometern in den Weltraum hinaus und schützt uns vor den geladenen Teilchen im Sonnenwind, die anderenfalls auf unsere Erdatmosphäre einprasseln würden.

Ein Eisen im Feuer

Natürlich vorkommendes reines Eisen findet sich vorwiegend in Meteoriten! Die Gewinnung von Eisen aus Eisenerz hier auf der Erde heißt Verhüttung. Dabei wird das eisenhaltige Erz zusammen mit Kohlenstoff (in Form von Kohle) und Kalkstein in einem Ofen stark erhitzt. Bei der Verbrennung lösen Kohlenstoff und Kalkstein die Verunreinigungen aus dem Erz, übrig bleibt reines Eisen.

Hilfreich und nützlich

Da Eisen leicht rostet, ist es am brauchbarsten, wenn es mit anderen Metallen kombiniert wird. Als Legierung ist es widerstandsfähiger und kann maschinell bearbeitet, geschweißt und in beliebige Formen gegossen werden, was es zu einem der nützlichsten und am vielseitigsten einsetzbaren Materialien auf der Erde macht. Wir verwenden Eisenlegierungen beim Bau von riesigen Brücken, Wolkenkratzern und Containerschiffen, stellen aber auch Autos, Werkzeuge und sogar Büroklammern damit her!

Gut für den Körper

Unser Körper braucht Eisen, um Hämoglobin zu bilden, eine Substanz in unserem Blut, die Sauerstoff transportiert und so unseren Zellen hilft, die notwendige Energie zu produzieren. Bei Eisenmangel werden weniger rote Blutkörperchen hergestellt, was dazu führt, dass man sich schlapp fühlt. Viel Eisen nehmen wir mit dem Verzehr von Gemüse, Getreide, Fleisch und Eiern zu uns.

Ein Geschenk der Götter

Wir wissen, dass Menschen seit mindestens 5000 Jahren Eisen nutzen. Im Altertum wussten die Menschen nicht, dass Eisen im Überfluss vorhanden war. Sie glaubten, das metallische Eisen stamme von den Meteoriten, die vom Himmel fielen. Möglicherweise galt Eisen gerade deshalb als begehrenswert, weil es als ein Geschenk der Götter angesehen wurde. Die alten Ägypter nannten es »Eisen des Himmels«.

MAGNETISCHER
NORDPOL
ERDMANTEL
ÄUSSERER
ERDKERN
INNERER
ERDKERN
80% EISEN!
MAGNETFELD
DER ERDE
MAGNETISCHER
SÜDPOL

COBALT
PULVER-
PIGMENT

27 Co COBALT

Cobalt, ein bläulich weißes, hartes, sprödes Metall, ist eines der wenigen ferromagnetischen Elemente – es bleibt also auch dann noch magnetisch, wenn das Magnetfeld entfernt wurde. Außerdem ist Kobalt ein Katalysator, das heißt, dass dieses Element eine chemische Reaktion erleichtert, während es selbst unverändert bleibt und auch nicht verbraucht wird.

Kategorie: Übergangsmetalle
Entdeckungsjahr: 1735
Entdecker: der schwedische Chemiker Georg Brandt
Fun Fact: Im alten Ägypten wurde das Grab von König Tutanchamun mit Cobaltblau dekoriert.

Was steckt hinter dem Namen?

Im mittelalterlichen Deutschland verhütteten Silberschürfer Erz, als giftige Dämpfe aus dem Ofen aufstiegen. Es stellte sich heraus, dass sie Cobalterz erhitzten, wobei ein Gas namens Cobaltarsenid entstand, das sie krank machte. Sie erschraken und glaubten, sie seien von Kobolden verhext worden, weshalb sie die Substanz »Kobold« nannten, was im Lauf der Zeit zu Cobalt wurde.

Nützliche Radioaktivität

In seiner Reinform ist Cobalt nicht radioaktiv, aber das menschengemachte Isotop Cobalt-60 setzt Gammastrahlung frei. Es wird künstlich in Kernreaktoren hergestellt und in der Krebstherapie eingesetzt, um gezielt Tumore zu bekämpfen. Außerdem werden damit medizinische Geräte sterilisiert und Lebensmittel bestrahlt, wobei schon eine winzige Strahlendosis genügt, um Keime abzutöten.

Die Farbe Blau

Lange bevor Wissenschaftler viel über die Substanz wussten, machten sich alte Kulturen bereits das künstlerische Potenzial von Cobalt zunutze und verzierten Töpferwaren und andere Objekte mit Cobaltsalzen. Auch heute noch ist Cobaltblau – ein Cobalt-Aluminium-Mischoxid – ein beliebtes Farbpigment und ein lichtechter Farbstoff, unter anderem für Glas.

Beste Kumpel

Wie viele seiner Nachbarn im Periodensystem ist auch Cobalt oft an Stahllegierungen beteiligt. Cobaltstahl ist sogar eine der härtesten und robustesten Legierungen, man stellt daraus Bohrer, Flugzeugpropeller und andere Dinge her, die sehr hitzebeständig und bruchfest sein müssen.

28 Ni NICKEL

Nickel ist ein hartes, silbrig weißes, ferromagnetisches Metall, bekannt für seine Festigkeit, seine Hitze- und Korrosionsbeständigkeit und dafür, dass es zu Draht gezogen werden kann. All diese Eigenschaften erweisen sich bei einer Vielzahl von Dingen als nützlich, und so findet man Nickel in Autos, Schiffen und Flugzeugteilen, aber auch in Münzen, Gitarrensaiten und den Glühdrähten von Toastern.

Kategorie: Übergangsmetalle
Entdeckungsjahr: 1751
Entdecker: der schwedische Chemiker Axel Fredrik Cronstedt
Fun Fact: Zwar nennt man die US-amerikanische 5-Cent-Münze einen Nickel, tatsächlich handelt es sich dabei aber um eine Legierung aus 75 Prozent Kupfer und nur 25 Prozent Nickel.

Was steckt hinter dem Namen?

Der Name Nickel (Kurzform für Nikolaus und ein Schimpfwort) geht auf eine Verwechslung zurück. Im 17. Jahrhundert glaubten deutsche Bergleute, sie hätten Kupfererz gefunden, allerdings versuchten sie vergeblich, Kupfer aus dem Erz zu gewinnen. Abergläubisch, wie sie waren, beschuldigten die Bergleute die sogenannten Nickel – Berggeister wie die Kobolde –, sie getäuscht zu haben, und gaben dem Erz deshalb den Namen Kupfernickel. Was sie tatsächlich abgebaut hatten, war Nickelin, ein helles rötlich braunes Gestein aus Nickel und Arsen.

Der Teamplayer

Mit Nickel lassen sich die Eigenschaften anderer Metalle oft verbessern. Als Schutzschicht macht es weichere Metalle haltbarer, und es verleiht stumpfen Metallen mehr Glanz. Zusammen mit Kupfer bildet es die Legierung Kupfernickel, die für metallische Bestandteile im Schiffsbau verwendet wird, weil sie salzwasserbeständig ist.

Nickelgiganten aus dem All

Man nimmt an, dass ein Großteil des Nickels durch gigantische Meteoriten auf die Erde gekommen ist, einer soll so groß wie der Mount Everest gewesen sein. Wissenschaftler vermuten, dass dieser nickelhaltige Riesenkomet vor 1,8 Milliarden Jahren in Ontario, Kanada, eingeschlagen ist.

IN GOD WE TRUST
LIBERTY
1968

WAS STECKT HINTER DEM SYMBOL?

Bei einigen Elementen im Periodensystem denkt man bei dem Symbol vielleicht: »Wo kommen denn diese Buchstaben her?« Doch auch dieser vermeintliche Irrsinn hat Methode. Manchmal zeigt das Symbol auf, wie sich der Name des Elements im Lauf der Zeit verändert hat. In anderen Fällen spiegelt es die Verwendung von griechischen und lateinischen Namen in der Wissenschaft wider.

KUPFER

Das Symbol **Cu** geht auf das lateinische *cuprum* zurück und bedeutet »von der Insel Cyprus«. Denn im alten Rom wurde Kupfer in Zypern abgebaut.

QUECKSILBER

Sein Symbol ***Hg*** ist ein Kürzel für das lateinische Wort *hydrargyrum*, das übersetzt »flüssiges Silber« heißt.

KOHLENSTOFF

Das **C** für Kohlenstoff leitet sich vom lateinischen *carbo* für »Holzkohle« her. Oft erinnern auch Kohlenstoffverbindungen an diesen lateinischen Begriff, etwa Carbide, Carbonate usw.

WASSERSTOFF

Das häufigste Element im Universum trägt das Symbol ***H*** für *hydrogenium*, was auf Lateinisch »Wasserbildner« heißt.

EISEN

Bei ***Fe*** stand das lateinische Wort für Eisen, *ferrum*, Pate.

GOLD
Au ist eine Kurzform für aurum, wiederum eine Verbeugung vor dem Lateinischen.
ANTIMON
Sb steht für das Wort stibium. So lautet der lateinische Name des einzigen Minerals, das natürlich vorkommendes Antimonsulfid enthält.
SILBER
Ag leitet sich von argentum, dem lateinischen Wort für Silber, her.
SAUERSTOFF
Das Symbol O für Sauerstoff steht für den aus dem Griechischen entlehnten Begriff oxygenium und heißt »Säurebildner«. Wissenschaftler glaubten ursprünglich, Sauerstoff sei ein Grundelement bei der Entstehung von Säuren, was jedoch nicht zutrifft.
ZINN
Sn leitet sich vom lateinischen stannum her, womit ursprünglich eine Legierung aus Silber und Blei bezeichnet wurde, später wurde es der Name für Zinn.
BLEI
Auch Pb hat seine Wurzel im Lateinischen, nämlich in dem Wort plumbum für »Blei«.

29 Cu KUPFER

Kupfer ist ein weiches, formbares Metall, das sogar gedehnt werden kann, ohne dass es seine Festigkeit verliert. Es eignet sich auch bestens als Wärme- und Stromleiter. Da Kupfer nicht besonders reaktionsfreudig ist, kommt es als eines der wenigen Elemente in der Natur in Reinform vor. Es korrodiert nicht, doch im Lauf der Zeit reagiert es mit der Luft. Dadurch bildet sich eine blassgrüne Schicht aus Kupfercarbonat, die Grünspan genannt wird. Auch die Freiheitsstatue, das aus Kupfer gefertigte Wahrzeichen Amerikas, ist mit dieser grünen Patina überzogen.

Kategorie: Übergangsmetalle
Entdeckungsjahr: in vorgeschichtlicher Zeit
Entdecker: unbekannt
Fun Fact: In den oberen tausend Metern der Erdkruste lagert eine riesige Menge Kupfer – so viel, dass es für mindestens eine Million Jahre reicht, wenn wir das gegenwärtige Tempo des Kupferabbaus beibehalten.

Beste Kumpel

Um härtere Legierungen herzustellen, wird Kupfer mit anderen Metallen gemischt. Zwei dieser besonders häufig verwendeten Legierungen sind Bronze und Messing. Bronze besteht aus Kupfer und Zinn, Messing ist eine Legierung aus Kupfer und Zink.

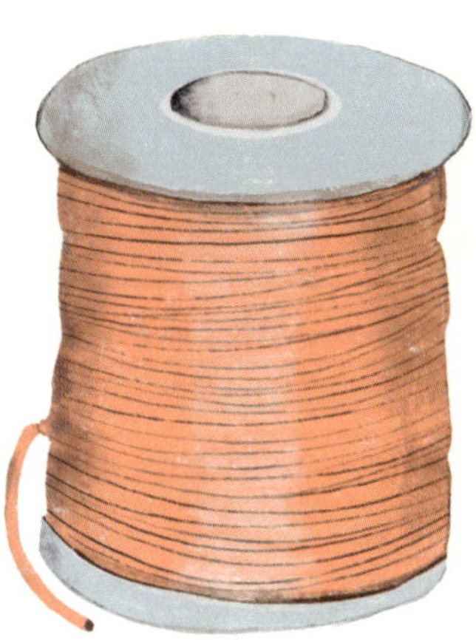

In grauer Vorzeit

Archäologen haben im Irak einen Kupferanhänger gefunden, der aus dem Jahr 8700 v. u. Z. stammt. Das bedeutet, dass die Menschen seit mindestens zehntausend Jahren Kupfer abbauen und nutzen — so etwa auch für Kupferrohre von Wasserleitungen, die Archäologen im Alten Ägypten entdeckt haben. Sie waren nach mehr als fünftausend Jahren noch immer in ausgezeichnetem Zustand!

Hilfreich und nützlich

Nach Silber hat Kupfer die höchste elektrische Leitfähigkeit aller Metalle. Deshalb dient Kupfer vor allem als Leiter in Stromkabeln, ungefähr 60 Prozent allen Kupfers werden dafür verwendet. Kupfer hat aber auch antimikrobielle Eigenschaften. Wenn bestimmte Bakterien in Kontakt mit Kupfer kommen, absorbieren sie Kupferatome, die sie in ihrer Funktionsfähigkeit behindern und innerhalb weniger Stunden sterben lassen. In einigen Ländern tragen Türklinken aus Kupfer in Krankenhäusern dazu bei, die Verbreitung von Infektionen zu verhindern.

Gut für den Körper

Kupfer ist für alle Organismen überlebenswichtig. In Verbindung mit Proteinen produziert es Enzyme, die dafür sorgen, dass unsere Zellen Energie freisetzen, Bindegewebe erhalten und Melanin in unserer Haut bilden können. Kupfer ist in Fisch, Fleisch, Nüssen und Samen enthalten.

30 Zn ZINK

Zink ist ein bläulich weiß schimmerndes Metall. In der Natur kommt es nie in Reinform vor, aber in zahlreichen Mineralen.

Kategorie: Übergangsmetalle
Entdeckungsjahr: 1746
Entdecker: der deutsche Chemiker Andreas Marggraf
Fun Fact: Die in Amerika gebräuchlichen Centstücke bestehen aus 97,5 Prozent Zink und 2,5 Prozent Kupfer.

Gut für den Körper

Der Mensch braucht für eine gesunde Ernährung auch Zink. Mehr als 300 Enzyme unseres Körpers, die für Wachstum, Verdauung, Immunsystem und Fortpflanzungsfähigkeit zuständig sind, basieren auf Zink. Durch den Verzehr von rotem Fleisch, Käse, Austern, Bierhefe und Ahornsirup nehmen wir viel von dem Zink zu uns, das unser Körper benötigt.

Hilfreich und nützlich

Zink und Sauerstoff verbinden sich zu Zinkoxid, einem weißen Pulver, das für Anti Schuppen Shampoos, Deodorants, Make-up und Babywundschutzcreme verwendet wird. Weil Zinkoxid UV-Strahlen absorbiert, ist es auch in Sonnenschutzmitteln enthalten. Zink macht den Gummi in Gummistiefeln und Autoreifen haltbarer. Und durch Beschichtung (Galvanisierung) mit Zink können andere Metalle vor Korrosion geschützt werden.

31 Ga GALLIUM

Gallium ist ein silbernes, weiches Material, das ab 30 Grad Celsius schmilzt – also bereits, wenn man es in der Hand hält. Allerdings färbt es dann die Haut braun. Aber keine Angst: Gallium ist nicht giftig.

Kategorie: Metalle
Entdeckungsjahr: 1875
Entdecker: der französische Chemiker Paul-Émile Lecoq de Boisbaudran
Fun Fact: Wenn Gallium schmilzt, schwimmt der feste Teil auf dem flüssigen (so wie Eis auf Wasser schwimmt), weil Gallium im flüssigen Aggregatzustand dichter ist als in fester Form.

Was steckt hinter dem Namen?

Paul-Émile Lecoq de Boisbaudran konnte als Erster Gallium aus Zinkerz isolieren, und er benannte das Element nach seinem Heimatland Frankreich, das auf Lateinisch *Gallia* heißt. Manche Historiker glauben jedoch, dass er heimlich seinen eigenen Namen in dem Element verewigt hat. Denn *le coq* ist Französisch für »der Hahn«, und auf Lateinisch heißt »Hahn« *gallus.*

Hilfreich und nützlich

Gallium schmilzt bei Zimmertemperatur fast. Kein anderes Metall ist in einem so großen Temperaturbereich flüssig: Sein Siedepunkt liegt bei 2200 Grad Celsius. Deshalb kommt es oft in Hochtemperatur-Thermometern zum Einsatz, mit denen die Temperatur geschmolzener Metalle gemessen wird. Gallium ist auch in LED-Lampen, in Blu-Ray-Lasern, in Solarzellen von Raumfahrzeugen und in Halbleiterkristallen enthalten. Halbleiter aus Gallium arbeiten schneller als herkömmliche Siliziumhalbleiter und werden in elektronischen Geräten und Handys verbaut.

32 Ge GERMANIUM

Auch das Element Germanium wurde nach einem Land benannt – in diesem Fall nach Deutschland, der Heimat von Clemens Winkler. Für die Reinform des seltenen, silberfarbenen Halbmetalls gibt es keine natürlichen Vorkommen; es fällt vor allem als Nebenprodukt bei der Zink- und Kupfergewinnung an.

Kategorie: Halbmetalle
Entdeckungsjahr: 1886
Entdecker: der deutsche Chemiker Clemens Winkler
Fun Fact: Germanium ist eines der wenigen Elemente, das sich ausdehnt, wenn es gefriert.

Herr des Lichts

Germaniumdioxid hat in Verbindung mit Glas einige coole Eigenschaften. Es kann Licht aus einer weiten Umgebung in einer Linse sammeln und eignet sich daher gut für die Objektive von Weitwinkelkameras. Außerdem besitzt Germanium ein einzigartiges Supertalent: Das undurchsichtige Element ist für das für Menschen unsichtbare Infrarotlicht durchlässig und deshalb die erste Wahl in der Lichtleitertechnik der Telekommunikation, bei der Lichtsignale über dünne, biegsame Glasfasern übertragen werden. In Kombination mit Siliziumdioxid ermöglicht Germanium die ungehinderte Weiterleitung von Infrarotsignalen in diesen Glasfaserkabeln, die Menschen auf der ganzen Welt miteinander verbinden.

33 As ARSEN

Arsen ist in all seinen Formen giftig, trotzdem hat der Mensch über Jahrhunderte hinweg immer wieder versucht, das Element kreativ zu nutzen, sei es zur Verschönerung oder zu medizinischen Zwecken. Heute verwendet man es vor allem wegen seiner tödlichen Wirkung: Arsenverbindungen kommen in Rattengift und Insektiziden zum Einsatz.

Kategorie: Halbmetalle
Entdeckungsjahr: ca. 1250
Entdecker: der deutsche Alchemist Albertus Magnus
Fun Fact: Haarproben von Napoleon Bonaparte zeigten, dass er bei seinem Tod im Jahr 1821 einhundertmal mehr Arsen im Körper hatte, als es normal gewesen wäre. Es ist unklar, ob dies auf eine Vergiftung oder auf Umwelteinflüsse zurückzuführen ist (angeblich hat er sich im Exil in einem grün tapezierten Raum aufgehalten).

Das Killer-Grün

Bevor man die Gefahren von Arsen erkannte, wurde es zur Herstellung einer kräftigen grünen Farbe verwendet, die man Pariser Grün (oder Schweinfurter Grün) nannte. Im 19. Jahrhundert erfreuten sich die mit dieser Farbe bedruckten Wandtapeten des Designers William Morris großer Beliebtheit. Doch wenn diese Tapeten feucht wurden und schimmelten, bildete sich giftiges Arsengas, das die Bewohner der tapezierten Zimmer krank machte oder gar tötete.

Napoleon Bonaparte

34 Se SELEN

Selen ist nach der griechischen Mondgöttin Selene benannt. In der Natur findet man Selen im Boden, wenn auch selten in seiner Reinform. Selen ist in verschiedenen Lebensmitteln und oft auch im Trinkwasser enthalten – zum Glück, denn es ist ein wichtiges Spurenelement in unserer Ernährung.

Kategorie: Nichtmetalle
Entdeckungsjahr: 1817
Entdecker: der schwedische Chemiker Jöns Jacob Berzelius
Fun Fact: Selen hat den Ruf, ein »Stinker« im Periodensystem zu sein. Und tatsächlich ist es auch ein Bestandteil des Stinktier-Sekrets.

Gut für den Körper … oder doch nicht?

Ja, Mensch und Tier sind darauf angewiesen, den Stinker Selen in geringen Mengen zu sich zu nehmen. Zu viel davon ist allerdings ungesund. In der richtigen Dosierung unterstützt Selen die Schilddrüsenfunktion und ist ein Antioxidans, das heißt, es beugt Schädigungen unserer Zellen vor. Zu viel Selen hingegen bewirkt beim Menschen Mundgeruch, Haarausfall und Übelkeit; bei Rindern kann es zu Orientierungslosigkeit und Apathie führen, wenn sie stark selenhaltige Pflanzen fressen.

Hilfreich und nützlich

Selen wird oft Farbpigmenten für Glas und Keramik beigemischt. Manche Selenverbindungen dienen zur Entfärbung von Glas, andere verleihen ihm einen leuchtenden Rotton. Auch in Geräten, die mit Lichtempfindlichkeit arbeiten, leistet Selen gute Dienste – denn je heller das Licht, desto höher die Stromleitfähigkeit von Selen. Deshalb wird Selen in den Akkus von Solartaschenrechnern und in Belichtungsmessern von Kameras und Fotokopierern verbaut.

35 Br BROM

Das rötlich gelbe flüssige Brom riecht so übel, als wäre es irgendein Gebräu aus dem Labor eines verrückten Wissenschaftlers. Aber in einer bestimmten Menge ist es auch nützlich. In seiner Reinform ist Brom reaktiv und eines der wenigen Elemente, die bei Zimmertemperatur flüssig sind. Erhitzt man es auf 59 Grad Celsius, geht es in ein stechend riechendes Gas mit giftigen Dämpfen über. Da verwundert es nicht, dass sich der Name Brom vom griechischen Wort *bromos* für »Gestank« herleitet.

Kategorie: Halogene
Entdeckungsjahr: 1826
Entdecker: der französische Chemiker Antoine-Jérôme Balard
Fun Fact: Bromatome schädigen unsere Ozonschicht. Für die Hälfte des Ozonverlusts über der Antarktis ist die Nutzung von Brom durch den Menschen verantwortlich.

Das Salz in der Suppe

Häufig kommt Brom als Desinfektionsmittel in Schwimmbädern zum Einsatz. Springt man in ein mit Brom desinfiziertes Schwimmbecken, erwartet einen statt des üblichen Chlorgeruchs ein salziger Geschmack im Mund. In Whirlpools funktioniert Brom besser als Chlor, weil es sich bei warmen Temperaturen nicht so leicht verflüchtigt.

Spiel nicht mit dem Feuer

In manchen Ländern müssen Schlafanzüge aus flammhemmendem Stoff hergestellt sein, der zu diesem Zweck mit Brom behandelt wird. Kommt man mit so einem Schlafanzug etwa zu nah an eine brennende Kerze, werden Bromatome freigesetzt, die die umgebenden Sauerstoffatome binden und so verhindern, dass der Stoff Feuer fängt.

Ganz nobel: Purpur

Bromverbindungen hat sich die Menschheit schon seit dem Altertum zunutze gemacht. Die Römer entdeckten, dass sich das Sekret bestimmter Meeresschnecken purpurrot verfärbt, wenn es an die Luft kommt. Tatsächlich enthält der Schleim der Purpurschnecken Brom, das die Tiere beim Kriechen über den Meeresboden aufnehmen. Die Römer begannen, diesen Schleim zum Färben von Stoffen zu verwenden. Und bald zierte Purpur, das wegen seiner Leuchtkraft und seiner Beständigkeit hoch geschätzt wurde, die Gewänder von Priestern und Königen.

36 Kr KRYPTON

Das griechische Wort *kryptos* bedeutet »das Verborgene«. Krypton ist wieder eines der Edelgase, die lieber im Hintergrund bleiben – farb- und geruchlos, reaktionsträge. Mit nur einem Teil pro einer Million Teile Luft ist es das seltenste Gas in unserer Atmosphäre.

Kategorie: Edelgase
Entdeckungsjahr: 1898
Entdecker: die britischen Chemiker Sir William Ramsay und Morris Travers
Fun Fact: Supermans Heimatplanet Krypton und das grün leuchtende Kryptonit, das ihm seine Superkräfte raubt, haben nichts mit den Eigenschaften des echten Kryptons zu tun. Wahrscheinlich haben sich die Autoren des Comics einfach einen Namen ausgesucht, der cool klang.

Ein helles Kerlchen

Wie auch andere Edelgase erzeugt Krypton Licht, wenn man es unter Strom setzt. Das Kryptonlicht ist hell und weiß und daher ideal für Kamerablitze, Stroboskope und – in der Verbindung mit Fluor – für Laser.

37 Rb RUBIDIUM

Wenn ein Element Rubidium heißt, könnte man meinen, dass es rubinrot ist. Seine natürliche Farbe ist allerdings Silber. Es ist zwar tatsächlich nach dem lateinischen Wort *rubidus* für »tiefrot« benannt, aber das liegt an der typischen roten Färbung der Flamme, wenn das Element verbrannt wird. Wie viele andere Metalle in dieser Kategorie entzündet es sich beim Kontakt mit Luft und reagiert heftig mit Wasser. Wegen seiner Reaktivität muss man darauf achten, es luftdicht verschlossen in einer Inertgasatmosphäre (d.h. umgeben von einem reaktionsträgen Gas) zu lagern. Rubidium ist ein seltenes Element, man findet es nur in geringen Mengen in verschiedenen Mineralen.

Kategorie: Alkalimetalle
Entdeckungsjahr: 1861
Entdecker: der deutsche Chemiker Robert Bunsen und der deutsche Physiker Gustav Kirchhoff
Fun Fact: Durch Zusatz von Rubidium bekommen Feuerwerksraketen eine rotviolette Farbe.

Hilfreich und nützlich

Rubidium kommt hauptsächlich in Vakuumröhren (also Glasröhren, die den Stromfluss steuern) zum Einsatz, und zwar als Fangstoff oder sogenannter »getter«, der störende Gasreste in den Röhren bindet. Weil Rubidiumatome lichtempfindlich sind, nutzt man sie auch für Solarzellen, die Lichtenergie in Strom umwandeln.

38 Sr STRONTIUM

Wenn das graue Strontium mit Luft in Berührung kommt, verfärbt es sich gelb und sieht so ähnlich aus wie Gold. Wegen seiner Reaktionsfreudigkeit findet man Strontium nur gebunden in Mineralen.

Kategorie: Erdalkalimetalle
Entdeckungsjahr: 1790
Entdecker: die britischen Chemiker Adair Crawford und William Cruickshank
Fun Fact: Zahncreme für empfindliche Zähne enthält Strontiumchlorid. Es bildet eine Schutzschicht auf empfindlichen Zahnbereichen, etwa wenn Zahnhälse wegen Zahnfleischschwund freiliegen.

Eine gefährliche Waffe

Während natürlich vorkommendes Strontium stabil und harmlos ist, erzeugt das künstlich hergestellte Strontium-90-Isotop radioaktive Strahlung; es entstand Mitte des 20. Jahrhunderts als Nebenprodukt von Atombomben. Die Strahlung von Strontium-90 ist für den Menschen gefährlich, weil unser Körper Strontium-90 mit Calcium verwechselt und es in unsere Knochen einbaut; das kann zu Krebserkrankungen führen. Nichtradioaktives Strontium hingegen ist für uns ebenso wenig schädlich wie Calcium und dient als Nahrungsergänzungsmittel, das den Knochenbau unterstützt.

Beste Kumpel

Wenn sich Strontium mit anderen Elementen zusammentut, eignet es sich für verschiedene Anwendungen. Strontiumaluminat erzeugt Pigmente, die im Dunkeln leuchten, weil sie Licht aus der Umgebung absorbieren. Strontiumcarbonat sorgt für die rote Farbe bei Pyrotechnik. Und wenn man Magneten, die Eisenoxid enthalten, Strontium beimischt, werden sie stärker. Solche starken Magnete kommen in Lautsprechern zum Einsatz.

Strontiumsulfat ist die natürlich vorkommende Form des Elements, die am häufigsten verwendet wird, um daraus andere, nützlichere Strontiumverbindungen zu machen.

39 Y YTTRIUM

Das metallisch silbern glänzende Yttrium taucht in der Natur nie in Reinform auf, obwohl es sich an der Luft stabil verhält. Schabt man Stückchen von dem Metall ab, entzündet es sich an der Luft, sobald die Temperatur mehr als 400 Grad Celsius beträgt – aber wann wird es je so heiß?

Kategorie: Übergangsmetalle
Entdeckungsjahr: 1794
Entdecker: der finnische Chemiker Johan Gadolin
Fun Fact: Die Wissenschaftler haben mehr als 30 radioaktive Isotope von Yttrium identifiziert. Eines namens Y-90 kann sich an bösartige Zellen binden und sie zerstören und wird daher in der Krebstherapie eingesetzt.

Zum Mond und zurück

In den Gesteinsproben, die die Apollo-Astronauten vom Mond mitbrachten, war mehr Yttrium enthalten als in irdischem Gestein. Yttrium-Aluminium-Granat (YAG) spielt eine wichtige Rolle in der Lasertechnik: Durch Energiezufuhr erzeugen die starken YAG-Kristalle Laserstrahlen. Diese Strahlen können Metall schneiden und sind so hell, dass ihr Licht sogar noch vom Mond zurückgeworfen wird. Mithilfe dieser Laser lassen sich Satelliten orten.

Yttrium wurde in Mondgestein gefunden.

40 Zr ZIRCONIUM

Der Name Zirconium leitet sich von dem Mineral Zirkon ab und geht auf das persische Wort *zargun* zurück, was »golden« bedeutet, denn Zirkonkristalle sind bräunlich golden. In Reinform ist Zirconium silbrig weiß.

Kategorie: Übergangsmetalle
Entdeckungsjahr: 1789
Entdecker: der deutsche Chemiker Martin Heinrich Klaproth
Fun Fact: Zirkonsand findet sich in großen Mengen an australischen Stränden.

Funkelnd wie ein Diamant

Zirconium steht in dem zweifelhaften Ruf, Diamanten täuschend ähnlich zu sehen. Das Funkeln der kubischen Zirkonkristalle beruht auf ihrem hohen Brechungsindex, also ihrer besonderen Art und Weise, Lichtwellen zu brechen und zu reflektieren: Das einfallende Licht wird eingefangen und in den Kristallen hin und her geworfen. Wenn es dann wieder austritt, verteilt es sich in die verschiedensten Richtungen, und das erzeugt den funkelnden Effekt.

Harter Stoff

Wenn man pulverisiertes Zirconiumdioxid erhitzt, entsteht eine harte, glasartige Keramik, die hitze- und korrosionsbeständig ist. Tatsächlich schmilzt diese Verbindung erst bei 2715 Grad Celsius! Verwendet werden solche Keramiken, wenn es auf extreme Festigkeit und Beständigkeit ankommt, etwa für Zahnkronen, Golfschläger, Raumfahrzeuge und die Turbinenblätter von Düsentriebwerken.

Neutronenbeständig

Zirconium wird auch in Kernkraftwerken eingesetzt, denn eine seiner Superkräfte besteht darin, dass es keine Neutronen aufnimmt. Damit eignet es sich hervorragend als Material für die Hülle der Brennstäbe, in denen die Kernspaltung stattfindet. Die bei der Spaltung eines Atoms freigesetzten Neutronen durchdringen das Zirconium, ohne dass dieses dabei radioaktiv wird.

41 Nb NIOB

Das weiche, silberne Metall Niob kann mit einigen nützlichen Eigenschaften aufwarten. Beispielsweise dehnt es sich bei hohen Temperaturen nicht aus und ist deshalb ein gefragtes Material für Düsentriebwerke, Gasturbinen und Raketenteile. Wegen seiner Korrosionsbeständigkeit verwendet man es auch für Herzschrittmacher, chirurgische Instrumente und Piercings.

Kategorie: Übergangsmetalle
Entdeckungsjahr: 1801
Entdecker: der britische Chemiker Charles Hatchett
Fun Fact: Niob ist ein Supraleiter, d.h. es hat bei sehr niedrigen Temperaturen ausgezeichnete Stromleitfähigkeiten und dient daher zur Erzeugung starker Magnetfelder.

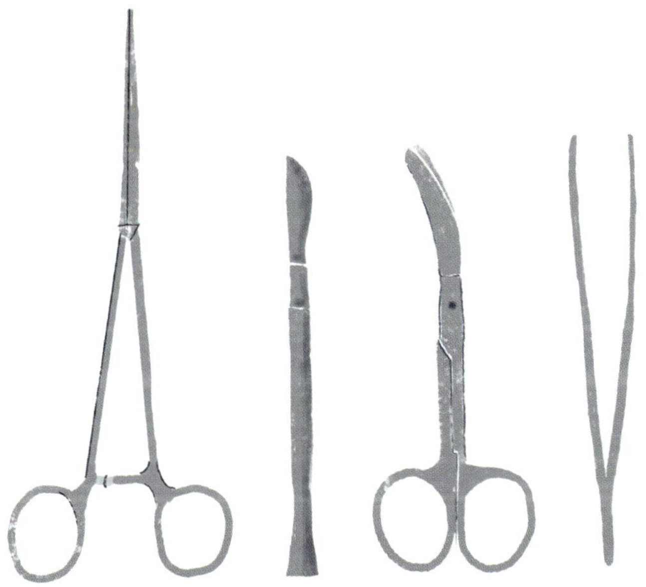

Entdeckungsgeschichte

Charles Hatchett entdeckte Niob, als er mit dem Mineral Columbit experimentierte. Zuerst erhitzte er Niob mit Kaliumcarbonat und löste es in Wasser. Dann fügte er Säure hinzu, um ein Oxidpulver zu gewinnen. Der dabei entstehende Feststoff faszinierte ihn, und er glaubte, ein neues Element gefunden zu haben. In Wissenschaftlerkreisen wurde das jedoch bezweifelt, man hielt dieses neue Element für Tantal, das ungefähr zur selben Zeit entdeckt worden war, und zwar ebenfalls in Columbit-Erz. Die beiden Elemente sind sich so ähnlich, dass die Frage jahrelang ungeklärt blieb. Erst 1844 gelang dem deutschen Chemiker Heinrich Rose der endgültige Nachweis, dass sowohl Tantal als auch Niob in Columbit enthalten sind und es sich tatsächlich um zwei verschiedene Elemente handelt.

42 Mo MOLYBDÄN

Molybdän bietet eine Menge praktischer Anwendungsmöglichkeiten. Der ausgefallene, etwas düster anmutende Name stammt von dem griechischen Wort *molybdos,* das »Blei« bedeutet. Bergarbeiter hielten das dunkle Mineral irrtümlich für Blei, aber Molybdän ist viel härter.

Kategorie: Übergangsmetalle
Entdeckungsjahr: 1781
Entdecker: die schwedischen Chemiker Carl Wilhelm Scheele und Peter Jacob Hjelm
Fun Fact: Beim sowjetischen Weltraumprogramm Luna 24 wurden Molybdänproben auf dem Mond gesammelt.

Hilfreich und nützlich

Molybdän hält hohen Temperaturen stand, wiegt wenig und fühlt sich fettig an. Man findet es in Legierungen für Fahrradrahmen, Autos, Flugzeuge und Raketen. Zu feinem Pulver zermahlen und mit Öl vermischt ergibt es ein Schmiermittel, das besonders für sich schnell bewegende Maschinenteile geeignet ist.

Gut für den Körper

Auch wenn Molybdän in größeren Mengen toxisch wirkt, ist es ein wichtiges Spurenelement für alle Lebewesen, denn es wird für den Stoffwechsel (die Umwandlung von Nahrung in Energie) benötigt. Wir nehmen Molybdän über pflanzliche Nahrung zu uns, die Pflanzen nehmen Molybdän wiederum aus dem Boden auf.

43 Tc TECHNETIUM

Technetium darf sich rühmen, das erste künstlich im Labor hergestellte Element zu sein, wofür die beiden Chemiker Segré und Perrier verantwortlich zeichnen. Es ist sogar nach dem griechischen Wort für »künstlich« benannt: *technetos*. Da jedes Technetiumisotop höchst instabil ist und sehr rasch zerfällt, ist es kein Wunder, dass das Element auf der Erde extrem selten vorkommt (man hat nur winzigste Spuren davon gefunden). Astronomen haben bei Untersuchungen der Spektrallinien (das sind die als farbige Linien dargestellten Wellenlängen jedes Elements) Spuren von Technetium in Sternen nachgewiesen.

Kategorie: Übergangsmetalle
Entdeckungsjahr: 1937
Entdecker: der italienisch-amerikanische Physiker Emilio Segré und der italienische Chemiker Carlo Perrier
Fun Fact: Technetium wurde als erstes Element künstlich erzeugt.

Radioaktiver Lebensretter

Wird das radioaktive Isotop Technetium-99 einem Protein des Immunsystems hinzugefügt, bindet es sich an Krebszellen und gibt Gammastrahlen ab. Man verwendet es in medizinischen Bildgebungsverfahren, um Krebsgeschwulste, Blutgerinnsel und andere Anomalien aufzuspüren.

Technetium ist in großen Sternen, sogenannten »Roten Riesen«, entdeckt worden.

44 Ru RUTHENIUM

Benannt nach dem lateinischen Begriff für Russland, wo es zuerst zutage gefördert wurde, ist Ruthenium eines der seltensten Metalle auf unserem Planeten. Es gehört zu den noblen Platinmetallen, einer Familie wertvoller Elemente im Periodensystem. Platinmetalle sind sehr gefragt und ebenso rar wie nützlich. Die Vorzüge von Ruthenium liegen darin, dass ihm weder Wasser noch Luft oder Säuren etwas anhaben können: Es ist außerordentlich korrosionsbeständig.

Kategorie: Übergangsmetalle
Entdeckungsjahr: 1844
Entdecker: der deutsch-russische Chemiker Karl Ernst Claus
Fun Fact: Ruthenium besitzt gewisse lichtabsorbierende Eigenschaften und ist daher ideal für die Verwendung in Solarzellen.

Hilfreich und nützlich

Das widerstandsfähige und schön anzusehende Ruthenium dient in der Schmuckherstellung als Beschichtungsmaterial, um anderen Metallen mehr Glanz zu verleihen. Außerdem kommt es als Katalysator in industriellen Herstellungsverfahren zum Einsatz und wird in elektronischen Schaltkreisen, Widerständen und Hochleistungsfestplatten verbaut.

Der Füller Parker 51 besaß ursprünglich eine Feder aus 14-Karat-Gold mit einer Spitze aus 96,2 Prozent Ruthenium.

OLIVER SACKS: ELEMENTE-SAMMLER

Manche Menschen machen es sich zum Hobby, Elemente des Periodensystems zu sammeln. Viele lieben die Herausforderung, selbst Elemente zu finden. Das ist für sie wie eine Schnitzeljagd. Ein bekannter Elemente-Sammler war der Neurologe und Schriftsteller Oliver Sacks.

Schon als Kind war Sacks von den Elementen fasziniert. Davon erzählt er in seinem Buch *Onkel Wolfram*. Als er Ende siebzig war, erreichte seine Leidenschaft ihren Höhepunkt. Sein ganzes Haus war voller Dinge, die mit dem Periodensystem zu tun hatten, darunter Periodensystem-Kissen und Bettwäsche mit aufgedrucktem Periodensystem!

Vor allem aber bewahrte er in seinem Wohnzimmer eine Vitrine auf, die neunzig Elemente enthielt, allesamt in Glasröhrchen und in der Reihenfolge des Periodensystems angeordnet. Im Lauf der Jahre hatte er von seinen Freunden immer wieder neue Elemente zum Geburtstag geschenkt bekommen.

Sacks hatte zu den Elementen eine freundschaftliche Beziehung. Er fand es großartig, dass das ganze Universum aus ihnen bestand. Manche ließen sich in die Hand nehmen, andere waren gefährlich, wieder andere hatten spannende Tricks auf Lager, etwa dass sie beim Kontakt mit anderen Elementen explodierten.

Sacks' Freunde schenkten ihm immer wieder Elemente zum Geburtstag. So bekam er zu seinem 72. Geburtstag ein Stück Hafnium (Ordnungszahl 72) und zu seinem 77. Geburtstag ein Plättchen Iridium (Ordnungszahl 77).

45 Rh RHODIUM

Wie seine Geschwister in der Platinmetallgruppe ist Rhodium hart, silbrig weiß und korrosionsbeständig. Sein Wert liegt höher als der von Gold oder Platin, denn man findet Rhodium nur in sehr geringen Mengen. Tatsächlich ist es sogar einhundertmal seltener als Gold! Luft und Wasser hält es bis zu einer Temperatur von 600 Grad Celsius stand, und auch von Säure wird es erst ab 100 Grad Celsius angegriffen. Nur einige Salzschmelzen vermögen dieses Edelmetall aufzulösen.

Kategorie: Übergangsmetalle
Entdeckungsjahr: 1803
Entdecker: der britische Chemiker William Hyde Wollaston
Fun Fact: 1979 verlieh das *Guinness-Buch der Rekorde* dem Sänger, Komponisten und ehemaligen Beatles-Mitglied Paul McCartney eine mit Rhodium beschichtete Schallplatte, um ihn als erfolgreichsten Songwriter aller Zeiten zu ehren.

Immer nur die zweite Geige

Du wunderst dich vielleicht, warum Rhodium nicht die Bekanntheit von Gold oder Platin hat, obwohl es doch so selten und robust und schön anzusehen ist. Die Antwort lautet, dass es zu rar und zu teuer ist, um es in Reinform zu verwenden. Stattdessen wird Rhodium zumeist zu Legierungen mit seinen Geschwistermetallen Platin und Palladium verarbeitet.

Hilfreich und nützlich

In der Schmuckindustrie spielt Rhodium keine große Rolle, aber es ist, zusammen mit Platin und Palladium, ein wichtiger Bestandteil von Fahrzeugkatalysatoren, die die Schadstoffemissionen im Abgas reduzieren. Auch als Beschichtung von Glasfaserleitern und in den Reflektoren von Autoscheinwerfern leistet es ausgezeichnete Dienste. Aber die großartigste Eigenschaft von Rhodium besteht darin, dass es auf ganz besondere Weise Sauerstoff aus der Atmosphäre aufnehmen kann, ohne selbst zu oxidieren.

ELEMENTE IN FAHRZEUGKATALYSATOREN

Für den schnellen und effizienten Transport nutzen wir Pkws, Busse und Lkws. Doch Fahrzeuge mit Verbrennungsmotor stoßen Abgase aus, die gefährliche Kohlenwasserstoffe, Kohlenmonoxid und Stickoxide enthalten – Stoffe, die Menschen, Pflanzen, Tieren und dem Planeten insgesamt schaden. Zum Glück werden solche Fahrzeuge heutzutage mit Katalysatoren ausgestattet, die die Umweltverschmutzung reduzieren. Und einige Elemente des Periodensystems spielen eine wichtige Rolle beim Funktionieren des »Kat«.

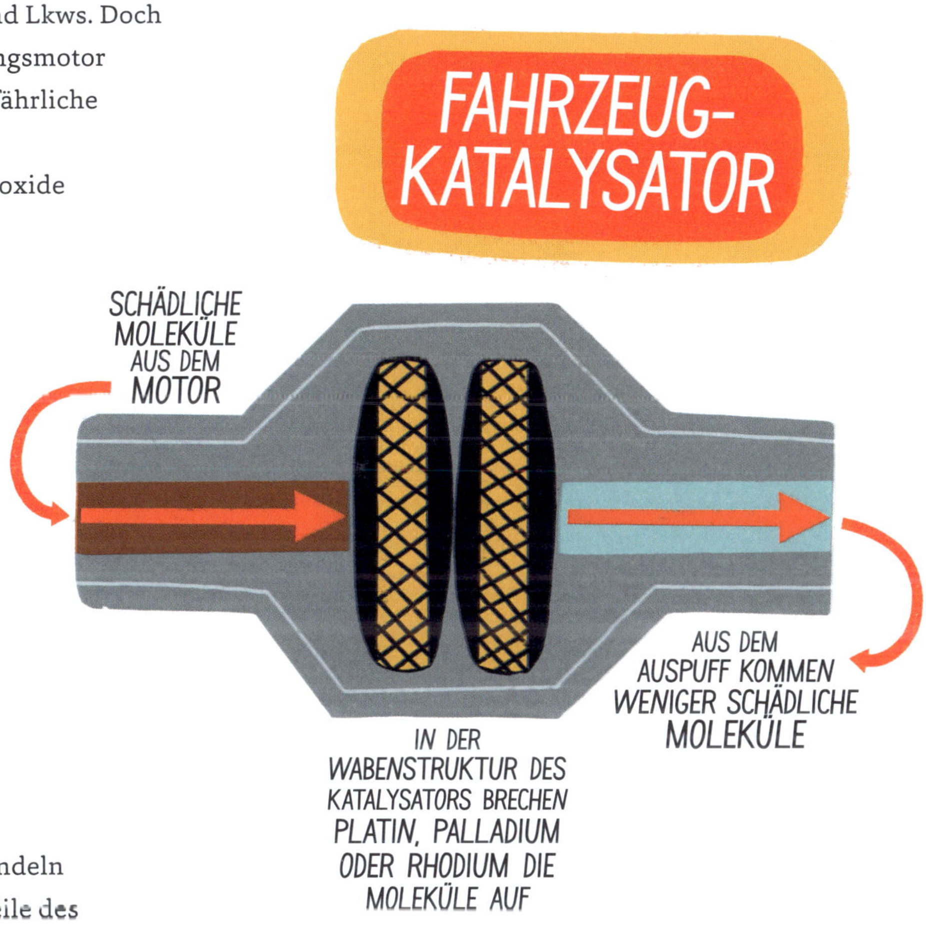

Die Autokatalysatoren wandeln die schädlichen Bestandteile des Abgases in harmlosere Moleküle um. Die bei der Verbrennung im Motor erzeugten Schadstoffe werden aufgespalten, wobei Platin, Palladium oder Rhodium als Katalysatoren im chemischen Sinn dienen, d.h. sie beschleunigen diese Umwandlungsreaktionen. Was dann an Abgasen ausgestoßen wird, ist verträglicher für die Umwelt.

46 Pd PALLADIUM

Wie sein naher Verwandter Rhodium aus der Platinmetallgruppe ist auch Palladium ein sehr kostbares und seltenes Metall – dreißigmal seltener als Gold. In natürlicher Form findet man es überall auf der Welt in Legierungen mit Gold oder anderen Elementen der Platinmetallgruppe.

Kategorie: Übergangsmetalle
Entdeckungsjahr: 1803
Entdecker: der britische Chemiker William Hyde Wollaston
Fun Fact: Palladium lässt sich gut verarbeiten, man kann es, ähnlich wie Gold, zu Blattpalladium schlagen, das nur ein Mikrometer dick ist.

Hilfreich und nützlich

Da Palladium ein seltenes und gut zu verarbeitendes Element ist, das kaum korrodiert, wird es gern zu wertvollem Schmuck verarbeitet. Als Legierung mit Gold ergibt es das beliebte Weißgold. Besonders wichtig ist es jedoch als Bestandteil von Fahrzeugkatalysatoren, die Schadstoffe im Abgas in Kohlendioxid und Wasser umwandeln.

Der Verschwindetrick

Eine der erstaunlichsten Fähigkeiten von Palladium besteht darin, dass es Wasserstoffgas absorbieren kann. Palladium im Festzustand nimmt das 900-Fache seines Volumens als Gas auf, das einfach in dem Festkörper verschwindet. Du fragst dich vielleicht, wie das geht? Wenn ein Wasserstoffmolekül auf Palladium trifft, zerfällt es in seine Atome und schlüpft zwischen die Palladiumatome. Wäre Palladium nicht so teuer, wäre es ein optimaler Wasserstoffspeicher.

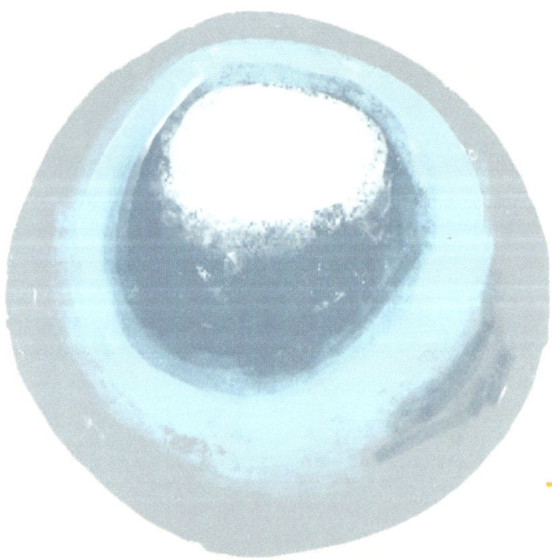

Eine Kugel aus reinem Palladium

47 Ag SILBER

Nach Silber hat man schon 3000 Jahre vor unserer Zeitrechnung geschürft, und seither ist es ein hochgeschätztes Material für Münzen, Tafelsilber, Schmuck und Ziergegenstände. Es zählt zu den am wenigsten reaktiven Übergangsmetallen, muss aber trotzdem regelmäßig poliert oder mit einer Schutzschicht überzogen werden, weil es sonst anläuft. Sein Glanz macht es zu einem der am stärksten reflektierenden Metalle und somit ideal für Spiegel. Silber hat die höchste Wärme- und Stromleitfähigkeit aller Elemente, aber weil die Silbergewinnung aufwendig und entsprechend teuer ist, werden elektrische Leitungen überwiegend aus Kupfer hergestellt.

Kategorie: Übergangsmetalle
Entdeckungsjahr: ca. 3000 v. u. Z.
Entdecker: unbekannt
Fun Fact: Ein einziges Gramm Silber kann zu einem Draht von mehr als zwei Kilometer Länge gezogen werden!

Zu Tisch!

Die bevorzugte Verwendung von Silber für Geschirr und Besteck hängt damit zusammen, dass Silber weniger metallisch schmeckt als andere Metalle. Allerdings ist reines Silber zu weich für Messer, Löffel und Gabel, deshalb fügt man Kupfer hinzu und erhält dann das sogenannte Sterlingsilber. Heutzutage wird Besteck aber hauptsächlich aus rostfreiem Stahl hergestellt, weil es preiswerter ist und nicht so leicht anläuft.

Ein Silberstreif bei Stinkefüßen

Wie Kupfer töten auch die Ionen von Silber Bakterien und Viren ab. Silbernitrat wird als Desinfektionsmittel und in antibakteriellen Seifen genutzt. Manchmal werden auch Silberfäden in Socken eingestrickt, um die Bildung von Mikroben zu verhindern, die für Fußgeruch verantwortlich sind.

48 Cd CADMIUM

Cadmium ist ein weiches, silbernes und hochgiftiges Metall. Wie Quecksilber und Blei kann es sich im Körper und in der Umwelt anreichern und auf lange Sicht gesundheitliche und ökologische Schäden verursachen. Der Mensch hat Cadmium hauptsächlich (abgesehen von der Malerei, siehe Kasten) für Nickel-Cadmium-Akkus genutzt. Da sie wiederaufladbar sind, dachte man, sie wären eine umweltfreundliche Lösung. Inzwischen gibt es aber leistungsfähigere und weniger giftige Alternativen zu Nickel-Cadmium-Akkus.

Kategorie: Übergangsmetalle
Entdeckungsjahr: 1817
Entdecker: der deutsche Chemiker Friedrich Stromeyer
Fun Fact: Eine von Claude Monets Lieblingsfarben war ein leuchtendes Cadmiumgelb. Auch Bob Ross, der einem großen Fernsehpublikum das Malen nahebrachte, war ein Fan von Cadmiumgelb und pinselte damit seine »glücklichen Bäume«. Wegen seiner Schädlichkeit wird Cadmium in der Malerei heute kaum noch verwendet.

Aua-aua

Eine Langzeitbelastung durch Cadmium führt dazu, dass dem Körper Calcium entzogen wird, was brüchige Knochen und schmerzende Gelenke zur Folge hat. Im frühen 20. Jahrhundert erkrankten die Menschen einer ganzen Region in Japan, weil sie Reis von Feldern gegessen hatten, die mit Cadmiumsalzen verseucht waren. Die Krankheit nannten sie *itai-itai,* was »Aua-aua« bedeutet.

49 In INDIUM

Der Name Indium rührt von dem indigoblauen Licht her, den das Element erzeugt, wenn es unter Strom gesetzt wird. Ein Stück reines Indium ist so weich, dass man es mit einem Messer schneiden kann, in Legierungen mit anderen Metallen wird es aber härter.

Kategorie: Metalle
Entdeckungsjahr: 1863
Entdecker: die deutschen Chemiker Ferdinand Reich und Hieronymus Richter
Fun Fact: Indium gibt ein kreischendes Geräusch von sich, wenn es gebogen wird, es »schreit«. Das Geräusch entsteht, wenn die Kristalle in dem Metall brechen und sich neu ordnen.

Die magische Berührung

Weil man zunächst keine praktische Verwendung für das Element hatte, gab es Anfang des 20. Jahrhunderts auf der ganzen Welt gerade einmal 1 Kilogramm reines Indium. Heute werden alljährlich Hunderte Tonnen davon gewonnen. Der größte Teil wird zu Indiumzinnoxid weiterverarbeitet. Diese Verbindung hat die besondere Eigenschaft, lichtdurchlässig und zugleich stromleitend zu sein. So steckt Indiumzinnoxid in der Technik von Flüssigkristallbildschirmen oder auch in den Touchscreens unserer Handys. Einige Wissenschaftler vermuten, dass Indium wegen unseres derzeitigen hohen Verbrauchs in den nächsten Jahrzehnten knapp werden wird und mehr Anstrengungen unternommen werden müssen, um es zu recyceln.

50 Sn ZINN

Zinn war eines der ersten Metalle, die die Menschheit genutzt hat. Vor 5000 Jahren begannen Menschen, aus Zinn und Kupfer die härtere Legierung Bronze herzustellen, und läuteten damit die Bronzezeit mit ihren haltbareren Waffen und aufwendigen Kunstwerken ein. Auch heute noch wird Zinn für festere Legierungen wie Bronze und Hartzinn verwendet. Häufig beschichtet man damit andere Metalle, um sie vor Rost zu schützen.

Kategorie: Metalle
Entdeckungsjahr: ca. 2100 v. u. Z.
Entdecker: unbekannt
Fun Fact: Früher war es bei Kindern, besonders bei Jungs, ein beliebtes Hobby, sich Spielzeugfiguren aus Zinn selbst zu gießen und sie anzumalen.

Fataler Frost

Bei kalten Temperaturen zerfällt Zinn allmählich von einem silbrigen Festkörper zu einem dunkelgrauen Pulver. Dieser Umwandlung liegt keine chemische Reaktion zugrunde, sondern es verändert sich die Kristallstruktur des Metalls. Während Napoleons Russlandfeldzug sollen angeblich die Zinnknöpfe der Uniformen seiner Soldaten wegen der eisigen Kälte langsam zerbröselt sein, sodass die Soldaten ihre Mäntel nicht mehr zuknöpfen konnten und viele von ihnen erfroren.

51 Sb

ANTIMON

Der Name Antimon könnte auf das griechische *antimonos* zurückgehen, was »nicht allein« heißt. Denn Antimon kommt in der Natur selten als alleiniges Element vor, sondern fast immer nur in Verbindung mit schwereren Metallen. Die Hauptquelle für Antimon ist das Mineral Stibnit, dem es auch sein Symbol – Sb für *Stibium* – verdankt.

Kategorie: Halbmetalle
Entdeckungsjahr: ca. 1600 v. u. Z.
Entdecker: unbekannt
Fun Fact: Der auffällige schwarze Lidstrich, der die Augen der alten Ägypter zierte, wurde aus einem zermahlenen antimonhaltigen Erz hergestellt.

Antimon macht Druck

Zusammen mit Blei und Zinn ergibt Antimon eine Legierung, die sich bestens zum Gießen von Metalllettern eignet. Die von Johannes Gutenberg im 15. Jahrhundert erfundenen »beweglichen Lettern« blieben mehr als 500 Jahre lang das Maß der Dinge in der Buchdrucktechnik.

Schlechte Medizin

Obwohl es so giftig wie Arsen ist, hat Antimon eine lange Geschichte als Arzneimittel, vorwiegend als Brechmittel. Man nahm irrtümlich an, durch Erbrechen könnte der Körper von Krankheiten gereinigt werden. Manche vermuten, der Komponist Wolfgang Amadeus Mozart könnte infolge einer Behandlung mit Antimon gestorben sein.

Kajal-Make-up der alten Ägypter

52 Te TELLUR

Tellur, eines der seltensten Elemente auf der Erde, fällt als Nebenprodukt bei der industriellen Kupfer- und Nickelgewinnung an. Doch aus 1000 Tonnen Kupfer erhält man nur ein Kilogramm Tellur!

Kategorie: Halbmetalle
Entdeckungsjahr: 1782
Entdecker: der österreichische Mineraloge Franz Joseph Müller von Reichenstein
Fun Fact: Zwar gilt Tellur lediglich als mäßig giftig, aber wenn man auch nur eine winzige Menge davon zu sich nimmt, hat man wochenlang einen extrem starken Mund- und Körpergeruch.

Hilfreich und nützlich

Tellur bietet ein breites Spektrum an technischen Einsatzmöglichkeiten – von Glasfaserkabeln bis hin zu den reflektierenden DVD-Beschichtungen, auf die Laserstrahlen Informationen schreiben können. In der Solartechnologie spielt es ebenfalls eine Schlüsselrolle: Eine Schicht aus einer Cadmium-Tellur-Legierung ermöglicht den Kollektoren die Umwandlung von Sonnenlicht in elektrische Energie.

Sonnenkollektor

53 I IOD

Wird das bei Raumtemperatur feste Iod erwärmt, geht es langsam in ein Gas über und überspringt dabei vollkommen den flüssigen Aggregatzustand. Als Festkörper ist Iod dunkelviolett-grau, als Gas hat es ein leuchtendes Violett. Daher rührt auch sein Name, er geht auf das griechische Wort *iodes* für »violett« zurück.

Kategorie: Halogene
Entdeckungsjahr: 1811
Entdecker: der französische Chemiker Bernard Courtois
Fun Fact: Iod ist so essenziell für unsere Gesundheit, dass man in der Schweiz mancherorts schon 1918 begonnen hat, es dem Speisesalz beizumischen.

Ich regle das!

Iod ist ein wichtiges Spurenelement für Mensch und Tier. Es reguliert Stoffwechselfunktionen, etwa die Körpertemperatur und die Hormonspiegel. Dabei kommt es aber auf die richtige Menge an. Produziert der Körper zu viele Schilddrüsenhormone (von denen Iod ein wesentlicher Bestandteil ist), besteht eine Schilddrüsenüberfunktion, die sich in Unruhe, Gewichtsverlust, starkem Schwitzen und Konzentrationsmangel äußert. Bildet der Körper hingegen zu wenige Schilddrüsenhormone, vergrößert sich die Schilddrüse, was zu einem Kropf führen kann. Eine solche Schilddrüsenunterfunktion geht mit Erschöpfungszuständen, Kälteempfindlichkeit, trockener Haut und Gewichtszunahme einher.

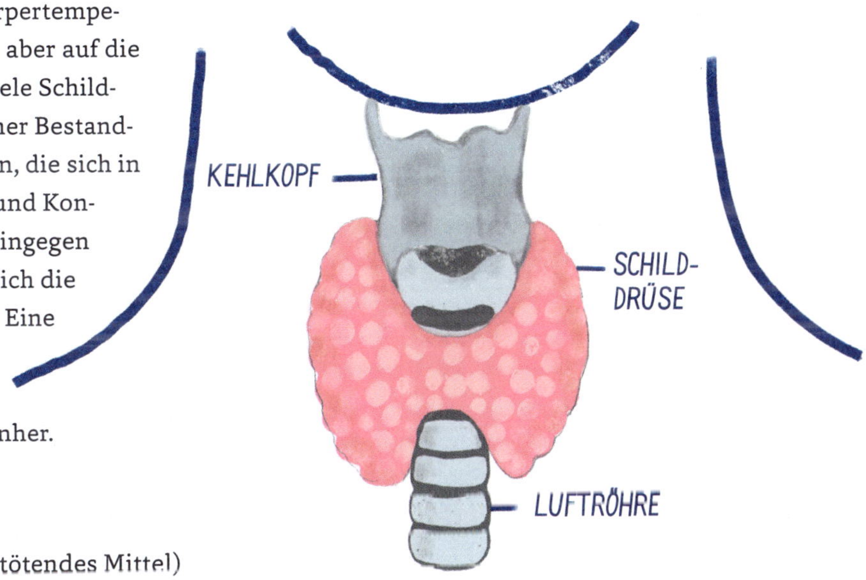

Das medizinische Wunder

Weil Iod ein starkes Antimikrobiotikum (keimtötendes Mittel) ist, kommt es bei der Wasserreinigung und der Wundversorgung zum Einsatz. Es ist auch in den gelbbraunen Tinkturen oder Pasten enthalten, die Patienten vor einer Operation aufgetragen werden. Weil man mit radioaktiven Iod-Isotopen Schilddrüsengewebe und Krebszellen zerstören kann, leisten sie gute Dienste bei der Behandlung von Schilddrüsenkrebs.

54 Xe XENON

Obwohl Xenon in der Erdatmosphäre nur selten vorkommt, haben wir im Alltag oft mit diesem Edelgas zu tun. Mit Xenon gefüllte Glühbirnen erzeugen neben Hitze ein sehr helles Licht und eignen sich daher gut für Autoscheinwerfer.

Kategorie: Edelgase
Entdeckungsjahr: 1898
Entdecker: die britischen Chemiker Sir William Ramsay und Morris Travers
Fun Fact: In unserer Atmosphäre ist Xenon nur in Spuren vorhanden, es findet sich aber in großer Menge in der Atmosphäre des Jupiters.

Das gar nicht so fremdelnde Element

Der Name Xenon stammt von dem griechischen Wort *xenon* für »fremd«. Ursprünglich dachte man, Xenon sei träge und so wenig reaktionsfreudig wie andere Edelgase. Doch in den 1960er-Jahren entdeckten kanadische Wissenschaftler, dass Xenon sich sehr wohl mit anderen Elementen verbindet, etwa zu hochexplosiven Xenonoxiden.

Träum süß

Das für den Menschen ungiftige Xenongas gilt als ein sicheres Narkosemittel mit nur geringen Nebenwirkungen. Zwar kommt es als Betäubungsmittel in der Medizin selten zum Einsatz, weil es so teuer ist, es könnte aber durch neue Recyclingtechniken kostengünstiger werden.

55 Cs CAESIUM

Caesium ist das reaktivste Metall auf der Erde. Es explodiert beim Kontakt mit Luft oder Wasser. Um das zu verhindern, bewahrt man Caesium im Labor in versiegelten luftleeren Glasröhren auf. Das auf der Erde selten vorkommende Element wird aus dem Mineral Pollucit gewonnen, fällt aber auch als Nebenprodukt bei der Kernspaltung in Atomkraftwerken an.

Kategorie: Alkalimetalle
Entdeckungsjahr: 1860
Entdecker: der deutsche Physiker Gustav Kirchhoff und der deutsche Chemiker Robert Bunsen
Fun Fact: Caesium ist wegen seiner typischen Flammenfärbung nach dem lateinischen Begriff *caesius* für »himmelblau« benannt.

Zeitgeber

Auch wenn Caesium so explosiv daherkommt, wird es hauptsächlich dort eingesetzt, wo Beständigkeit und Gleichmäßigkeit gefragt sind: Caesium-Atomuhren messen die Zeit auf eine milliardstel Sekunde genau. Während bei mechanischen Uhren die Taktgebung über das Hin- und Herschwingen eines Pendels funktioniert, messen Atomuhren die Zeit durch Resonanz, d. h. das Hin- und Herspringen der Elektronen der Caesiumatome bei einer bestimmten Frequenz. Die Signale der Atomuhren werden über die ganze Welt gesendet und sorgen für einheitliche Zeitangaben im Internet, in Handynetzen und in Satellitennavigationssystemen.

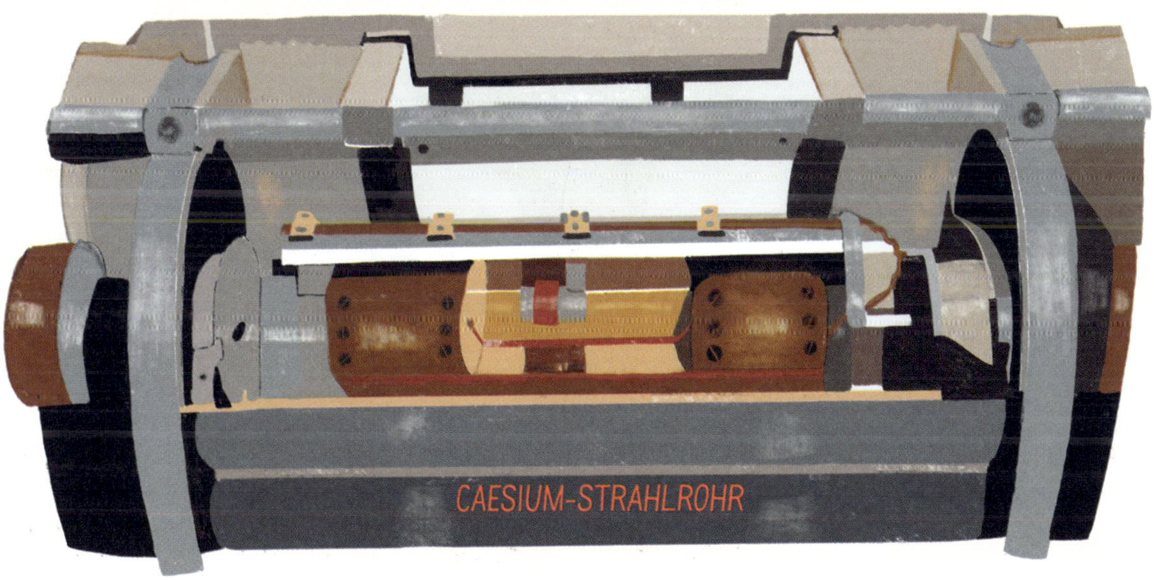

Caesium-Atomuhr

56
Ba

BARIUM

Barium ist nach dem griechischen Wort für »schwer« benannt, obwohl es gar keine besonders hohe Dichte hat; tatsächlich wiegt es weniger als Titan, das bereits als Leichtgewicht gilt. Allerdings sind die *Verbindungen,* die Barium eingeht, normalerweise sehr dicht und kommen oft als »Schwergewichte« zum Einsatz.

Kategorie: Erdalkalimetalle
Entdeckungsjahr: 1808
Entdecker: der britische Chemiker Sir Humphry Davy
Fun Fact: Das bariumreiche Mineral Baryt ist fluoreszierend, d. h. es leuchtet im Dunkeln, wenn es vorher Licht ausgesetzt war.

Schwer zu schlucken, gut zu sehen

Barium wird häufig als Kontrastmittel in Form von Bariumsulfatlösung verwendet. Wenn es vom Patienten getrunken worden ist, ermöglicht es den Ärzten Einblicke in den Verdauungstrakt. Das ungiftige, weil nicht wasserlösliche Mittel ist undurchlässig für Röntgenstrahlen und dicht genug, um sich rasch durch das Verdauungssystem zu bewegen. Dabei werden dort auftretende Probleme mittels Röntgenaufnahmen sichtbar gemacht. Die Dichte, die das Bariumsulfat durch die Biegungen der Gedärme wandern lässt, nutzt man auch bei der Erdölförderung, indem man Bariumsulfat in Bohrlöcher pumpt, um Rückstände auszuspülen.

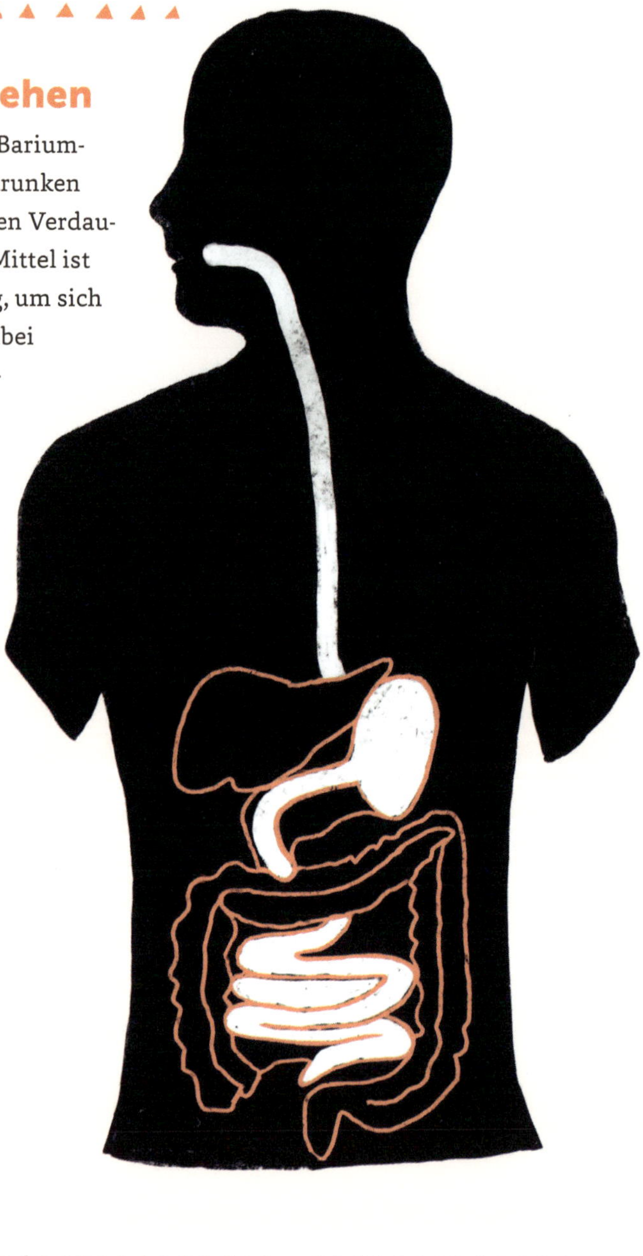

57 La LANTHAN

Das weiche, silbrig weiße Metall Lanthan ist in seiner Reinform zu nichts zu gebrauchen, allerdings lässt es sich in Mischungen mit anderen Metallen sehr vielseitig einsetzen. In der Legierung mit Nickel eignet es sich bestens als Wasserstoffspeicher für mit Wasserstoff betriebene Fahrzeuge. Auch in den Batterieelektroden von Hybridautos stecken 10 bis 15 Kilogramm Lanthan. Lanthanoxid kommt zudem bei der Herstellung spezieller optischer Gläser, etwa für Kameras oder Teleskope, zum Einsatz.

Kategorie: Lanthanoide
Entdeckungsjahr: 1839
Entdecker: der schwedische Chemiker Carl Gustav Mosander
Fun Fact: Im späten 19. Jahrhundert wurde Lanthan für grünlich leuchtende Laternen verwendet, die man vor Geschäften aufhängte.

58 Ce CER

Cer ist das zweite Element in der Kategorie der Lanthanoide und so häufig wie Kupfer. Cer ist luftentzündlich, d. h., wenn man daran kratzt oder etwas abschabt, fängt es Feuer – weshalb man es oft in Zündsteinen von Feuerzeugen findet. Wegen seiner funkensprühenden Eigenschaften wird es auch gern für Spezialeffekte in Film- und Fernsehproduktionen genutzt. In Autokatalysatoren dient es zur Reinigung der Abgase und verringert so den Schadstoffausstoß.

Kategorie: Lanthanoide
Entdeckungsjahr: 1803
Entdecker: die schwedischen Chemiker Jacob Berzelius und Wilhelm Hisinger, und unabhängig von ihnen der deutsche Chemiker Heinrich Klaproth
Fun Fact: Cer ist nach dem Zwergplaneten Ceres benannt, der zwei Jahre vor dem Element entdeckt worden ist.

59 Pr PRASEODYM

Praseodym ist ein weiches, leicht verarbeitbares graues Metall. Sein Name rührt einerseits von *prasinos* her – was auf Griechisch »grün« heißt –, weil es beim Kontakt mit Luft eine grüne Oxidschicht bildet, andererseits von dem Begriff *didymos* für »Zwilling«. Es war eines der beiden Elemente, die aus Didym extrahiert wurden und die man ursprünglich für ein und dasselbe Element hielt (das andere war Neodym). 1885 konnte der Wissenschaftler Carl Auer von Welsbach nachweisen, dass es sich bei Didym tatsächlich um zwei verschiedene Elemente handelte.

Kategorie: Lanthanoide
Entdeckungsjahr: 1885
Entdecker: der österreichische Chemiker Carl Auer von Welsbach
Fun Fact: Praseodymverbindungen eignen sich für sehr starke Magneten. Man verwendet sie bei der magnetischen Kühlung: Bei diesem Verfahren kann ein Stoff bis auf einige Millionstel Grad über dem absoluten Nullpunkt (–273 Grad Celsius) abgekühlt werden.

Augenfreundlich

Wenn es um den Schutz ihrer Augen geht, verlassen sich Schweißer und Glasbläser auf Praseodym. Eine Mischung aus diesem Element und seinem Zwilling Neodym wird für Schweißerbrillen verwendet, die die Augen vor dem grellen Licht der Flamme schützen. Wenn Schweißer eine solche Brille tragen, sehen sie nur das matte blaue Licht des Brenners und das orangefarbene Leuchten des heißen Glases oder Metalls. Ohne Schutzbrille würden die Augen durch das gelbe Licht geschädigt.

60 Nd NEODYM

Neodym ist der Zwilling von Praseodym, der Name leitet sich von den griechischen Wörtern für »neuer Zwilling« ab. Was das Metall auszeichnet, ist seine Bedeutung für Hochleistungsmagneten. 1983 fanden Wissenschaftler heraus, dass eine Legierung aus Neodym, Eisen und Bor eine so starke magnetische Anziehung ausübt, dass sie das Tausendfache ihres eigenen Gewichts tragen kann! Die Kombination aus diesen drei Elementen speichert beträchtliche Mengen an magnetischer Energie und ist zugleich unempfindlich gegen Entmagnetisierung. Man findet sie überall, wo starke, aber leichte Magnete gefragt sind: in Laptops, Handys, Kopfhörern, Akkuschraubern und Windkraftanlagen. Auch Fahrzeuge mit Elektro- oder Hybridantrieb nutzen das hochmagnetische Neodym für ihre Motoren.

Kategorie: Lanthanoide
Entdeckungsjahr: 1885
Entdecker: der österreichische Chemiker Carl Auer von Welsbach
Fun Fact: Die Anziehungskraft zwischen zwei Neodymmagneten ist so stark, dass sie beim Aufeinanderprallen zerbrechen können.

61 Pm PROMETHIUM

Promethium ist das seltenste Lanthanoid. Was an Promethium ursprünglich einmal im Erdgestein vorhanden war, ist schon vor Milliarden Jahren zerfallen, weil das Element so reaktiv ist. Auf der Erde finden sich lediglich noch winzige Spuren davon, die durch den radioaktiven Zerfall anderer Elemente entstanden sind und nur kurzzeitig existieren, ehe sie ebenfalls zerfallen. Benannt wurde Promethium nach dem griechischen Gott Prometheus, der den Menschen das Feuer brachte. Heute wird Promethium künstlich in Atomreaktoren erzeugt und dient hauptsächlich zu Forschungszwecken. In sehr kleinen Mengen ist es allerdings auch in den stecknadelkopfgroßen Atombatterien für Herzschrittmacher enthalten, außerdem in Lenkflugkörpern und Radios.

Kategorie: Lanthanoide
Entdeckungsjahr: 1945
Entdecker: die amerikanischen Wissenschaftler Jacob A. Marinsky, Lawrence E. Glendenin und Charles D. Coryell
Fun Fact: Promethiumsalze sind radioaktiv und leuchten im Dunkeln blau oder grün.

62 Sm SAMARIUM

Samarium verdankt seinen Namen dem Mineral Samarskit, aus dem es erstmals isoliert wurde. In Reinform ist es ein silbrig weißes, glänzendes Metall. Legiert mit Cobalt eignet es sich hervorragend als Dauermagnet für E-Gitarren-Tonabnehmer: Der Samarium-Cobalt-Magnet überträgt die von den Gitarrensaiten erzeugten Schwingungen. Samarium-Cobalt-Magnete, die zu den stärksten der Erde zählen, behalten ihre Magnetwirkung auch bei hohen Temperaturen.

Kategorie: Lanthanoide
Entdeckungsjahr: 1879
Entdecker: der französische Chemiker Paul-Émile Lecoq de Boisbaudran
Fun Fact: Für die Kopfhörer des Sony Walkman, des ersten tragbaren Mini-Kassettenrekorders, wurden Samarium-Cobalt-Magnete verwendet.

63
Eu

EUROPIUM

Europium ist ein weiches, silbrig glänzendes Metall. Wie Francium und Scandium bezieht sich der Name auf einen Ort, in diesem Fall Europa. Das ist insofern erstaunlich, als fast alles, was weltweit an Europium gewonnen wird, aus den USA und China stammt.

Kategorie: Lanthanoide
Entdeckungsjahr: 1901
Entdecker: der französische Chemiker Eugène-Anatole Demarçay
Fun Fact: Auch in Gesteinsproben vom Mond wurde Europium gefunden.

Das Europiumoxid in dieser – inzwischen ungültigen – britischen 50-Pfund-Banknote leuchtet unter UV-Licht.

Wir sehen Rot!

Wie die meisten Lanthanoide ist Europium eher selten. Alljährlich werden nur etwa 100 Tonnen davon gewonnen. Bevor es die heute üblichen LED-Flachbildschirme gab, arbeiteten Fernsehgeräte mit Kathodenstrahlröhren. In diesen Röhren wurden Elektronen auf eine mit chemischen Leuchtstoffen behandelte Glasfläche geschossen, und Europium war dabei für die Rotanteile auf dem Bildschirm zuständig. Heute nutzt man das rote Leuchten von Europium für fluoreszierende Leuchtstoffröhren, um deren normalerweise kaltes Licht mit einem Rotton abzumildern. Britische und Euro-Banknoten enthalten Europiumoxid, das unter UV-Licht rot leuchtet und so die Scheine fälschungssicherer macht.

64 Gd GADOLINIUM

Das weiche, silberne Metall Gadolinium besitzt eine bemerkenswerte magnetische Eigenschaft. Bei Temperaturen unter 20 Grad Celsius verhält es sich ferromagnetisch, d. h. es wird von Magneten angezogen, über 20 Grad Celsius jedoch verliert es diese Eigenschaft. In der Medizin sorgen Gadoliniumverbindungen für präzise MRT-Bilder. Zu diesem Zweck injiziert man Patienten eine solche Verbindung, die vom Körper aufgenommen wird und eine höhere Bildqualität beim Körper-Scan ermöglicht.

Kategorie: Lanthanoide
Entdeckungsjahr: 1880
Entdecker: die französischen Chemiker Jean-Charles Galissard de Marignac und Paul-Émile Lecoq de Boisbaudran
Fun Fact: Gadolinium ist ein magnetokalorisches Element, d. h. es erwärmt sich, wenn es in die Nähe eines magnetischen Felds kommt, und kühlt ab, wenn es aus diesem Feld entfernt wird.

65 Tb TERBIUM

Terbium ist ein silbrig weißes, schmiedbares Element. Wie Europium kommt es in Kathodenstrahlröhren von Computermonitoren und Fernsehbildschirmen zum Einsatz und erzeugt dort ein grünes Licht. Als Legierung mit Neodym und Dysprosium wird es für starke Magnete verwendet, die in den Antrieben von Hybridfahrzeugen und in den Generatoren von Windkraftanlagen stecken.

Kategorie: Lanthanoide
Entdeckungsjahr: 1843
Entdecker: der schwedische Chemiker Carl Gustaf Mosander
Fun Fact: Das radioaktive Isotop Terbium-149 kann in der Krebsbehandlung hilfreich sein. Wenn es auf die Rezeptoren der Krebszellen gerichtet wird, tötet die Strahlung gezielt die Krebszellen ab, ohne die gesunden Zellen zu schädigen.

66 Dy DYSPROSIUM

Sein Entdecker, Paul-Émile Lecoq de Boisbaudran, scheute keine Mühen, um Dysprosium zu gewinnen: 32-mal versuchte er es mit Ammoniak zu isolieren und dann noch 26-mal mit Oxalatsalzen. Wegen des großen Aufwands benannte er das Element nach dem griechischen Wort *dysprositos,* was »schwer zugänglich« heißt. Erst um 1950, also 75 Jahre nach seiner Entdeckung, gelang es Wissenschaftlern, Dysprosium in Reinform herzustellen. Wegen seiner starken Magnetwirkung nutzt man es heute zur Datenspeicherung, für Computerfestplatten und in den Akkus von Elektroautos.

Kategorie: Lanthanoide
Entdeckungsjahr: 1886
Entdecker: der französische Chemiker Paul-Émile Lecoq de Boisbaudran
Fun Fact: Wenn man eine Dysprosiumlegierung namens Terfenol-D einem magnetischen Feld aussetzt, kann man beobachten, wie sie sich in Richtung des Magnetfelds ausdehnt.

67 Ho HOLMIUM

Als Namensgeber für Holmium diente Schwedens Hauptstadt Stockholm. Holmium darf sich rühmen, das höchste »magnetische Moment« aller Elemente des Periodensystems zu haben. Das magnetische Moment gibt an, welche magnetische Kraft ein Stoff ausüben kann. Setzt man einen Stoff mit einem starken magnetischen Moment einem magnetischen Feld aus, so richten sich all seine Atome zum Feld hin aus. Aus diesem Grund verwendet man Holmium für die Herstellung von Polschuhen: Das sind metallische Bauteile, mit denen elektromagnetische Felder besser ausgerichtet und verteilt werden können.

Kategorie: Lanthanoide
Entdeckungsjahr: 1878
Entdecker: die Schweizer Chemiker Marc Delafontaine und Jacques-Louis Soret, und kurz darauf unabhängig von ihnen auch der schwedische Chemiker Per Teodor Cleve
Fun Fact: Holmiumoxid benutzt man zur Gelb- oder Rotfärbung von Glas wie auch von Zirkonia-Edelsteinen.

68 Er ERBIUM

Wie seine Lanthanoid-Geschwister ist Erbium weich und silbern, kommt in der Natur nicht als reines Element vor und reagiert mit Sauerstoff (wenn auch nur langsam) ebenso wie mit Wasser. Erbium leistet einen wichtigen Beitrag zur Vernetzung der Welt. Wenn wir Daten per Internet übertragen, senden wir Lichtsignale über Glasfaserkabel. Dass diese Datenübertragung auch über große Distanzen funktioniert, verdanken wir Erbium, das die schwachen Signale im Kabel verstärkt.

Kategorie: Lanthanoide
Entdeckungsjahr: 1843
Entdecker: der schwedische Chemiker Carl Gustaf Mosander
Fun Fact: Drei verschiedene Elemente sind nach demselben schwedischen Fundort, der Grube Ytterby, benannt: Erbium, Terbium und Ytterbium.

69 Tm THULIUM

Das weiche, silberne Thulium – nicht zu verwechseln mit Thallium (Ordnungzahl 81) – ist eines der seltensten Metalle der Lanthanoid-Kategorie und gilt auch als eines mit den wenigsten Anwendungsmöglichkeiten. Was aber nicht heißt, dass es gar keinen Nutzen für uns hat. So wird es in Lasergeräten verbaut, die in der Chirurgie dazu dienen, beschädigtes Gewebe zu entfernen. Und eines seiner radioaktiven Isotope erzeugt Röntgenstrahlen. Daher eignet es sich für leichte, transportable Röntgenapparate.

Kategorie: Lanthanoide
Entdeckungsjahr: 1879
Entdecker: der schwedische Chemiker Per Teodor Cleve

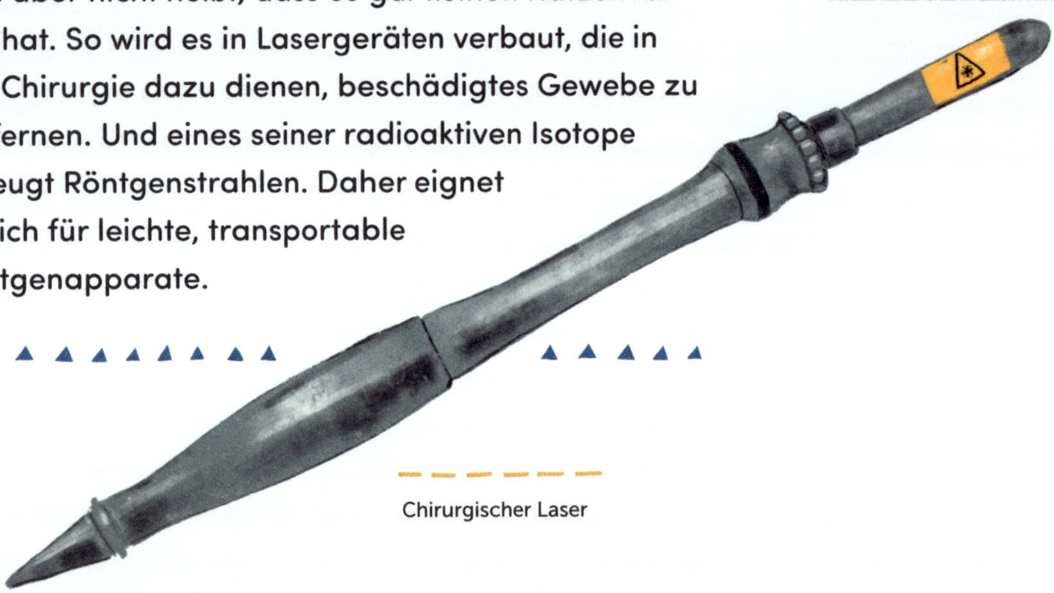

Chirurgischer Laser

70 Yb YTTERBIUM

Von allen Lanthanoiden ist keines so reaktiv wie dieses weiche, silbrig weiße Metall. Auch wenn es in der Natur nur in Verbindungen vorkommt, hat es einige wichtige Funktionen für uns. So ist es ein Bestandteil mancher Atomuhren, die derart präzise arbeiten, dass sie sogar die durch Schwerkraft bedingte Verlangsamung der Zeit messen können! Ytterbium wird auch Stahl beigemischt, um ihn fester zu machen, und kommt bei Lasern und Röntgengeräten zum Einsatz.

Kategorie: Lanthanoide
Entdeckungsjahr: 1878
Entdecker: der Schweizer Chemiker Jean-Charles Galissard de Marignac
Fun Fact: Ytterbium funktioniert auch gut unter Druck: Man nutzt es für Messungen unter der Erde, mit denen geologische Verformungen infolge von Erdbeben oder Explosionen untersucht werden.

71 Lu LUTETIUM

Von allen Metallen der Seltenen Erden hat Lutetium den höchsten Schmelzpunkt. Und es ist zudem das stabilste und dichteste Lanthanoid. Aber trotz solch interessanter Eigenschaften hat dieses selten vorkommende Element nur geringen praktischen Nutzen. Hauptsächlich wird Lutetium Rohöl beigemischt, wenn in Ölraffinerien daraus Benzin und Diesel hergestellt werden.

Kategorie: Lanthanoide
Entdeckungsjahr: 1907
Entdecker: der französische Chemiker Georges Urbain, der österreichische Chemiker Carl Auer von Welsbach und der amerikanische Chemiker Charles James
Fun Fact: Lutetium war einst das teuerste Element im ganzen Periodensystem. Inzwischen hat man aber wirksamere Methoden zur Gewinnung von Lutetium entwickelt und es damit kostengünstiger gemacht.

72 Hf HAFNIUM

Hafnium wurde erst spät entdeckt, denn man konnte es lange nicht von Zirconium unterscheiden. Die beiden Elemente sind chemisch nahezu identisch, aber Zirconium ist neutronendurchlässig, während Hafnium Neutronen absorbiert. Diese Eigenschaft wird dazu genutzt, in Atomkraftwerken, wo Neutronen freigesetzt werden, Kernreaktionen zu kontrollieren. Hafnium ist zudem hitze- und korrosionsbeständig und leistet gute Dienste beim Schweißen mit Plasma-Lichtbogen sowie bei der Mikrochip-Herstellung.

Kategorie: Übergangsmetalle
Entdeckungsjahr: 1923
Entdecker: der ungarische Chemiker George Charles de Hevesy und der niederländische Physiker Dirk Coster
Fun Fact: Hafnium ist nach *Hafnia* benannt, dem lateinischen Wort für die Stadt Kopenhagen, wo das Element entdeckt wurde.

73 Ta TANTAL

Das harte, silberne Metall Tantal zu isolieren, erwies sich als so schwierig, dass man es nach der griechischen Sagengestalt Tantalos benannte, dem König von Sipylos. Nachdem Tantalos den Göttern Speisen gestohlen und ihnen seinen eigenen Sohn als Opfer dargebracht hatte, wurde er dazu verdammt, auf ewig Hunger und Durst zu leiden. Er musste in einem Teich stehen, während über ihm Äste voller Früchte hingen. Das Wasser stand ihm bis zum Hals, doch wann immer er davon zu trinken versuchte, verschwand das Wasser, und wenn er nach den verlockenden Früchten griff, bog der Wind die Äste außer Reichweite.

Kategorie: Übergangsmetalle
Entdeckungsjahr: 1802
Entdecker: der schwedische Chemiker Anders Gustav Ekeberg
Fun Fact: Während Ekeberg davon ausging, dass er 1802 ein neues Element entdeckt hatte, vertrat ein anderer Chemiker die Auffassung, dass dieses mit dem Element Niob identisch sei. Erst 40 Jahre später konnten Wissenschaftler beweisen, dass es sich tatsächlich um zwei verschiedene Elemente handelt.

Hilfreich und nützlich

Handys und andere elektronische Kleingeräte sind oft mit Kondensatoren aus Tantal ausgestattet. Weil Tantal für den menschlichen Körper unschädlich ist und gut vertragen wird, stellt man daraus auch künstliche Gelenke und andere Implantate her.

Schlimme Folgen

Tantalerz findet man in der Demokratischen Republik Kongo. Allerdings hat der Tantalbergbau katastrophale Folgen für die dortige Tierwelt, insbesondere für Gorillas, weil sie abgeschossen werden und den Bergarbeitern in dem abgelegenen Gebiet als Nahrung dienen.

74 W WOLFRAM

Kategorie: Übergangsmetalle
Entdeckungsjahr: 1783
Entdecker: die spanischen Chemiker Juan und Fausto Elhuyar
Fun Fact: Wolfram hat fast die gleiche Dichte wie Gold, aber nicht dessen gelben Glanz. Also überzogen Fälscher Wolframstangen mit einer Goldschicht, um sie als Goldbarren auszugeben.

Wolfram ist ein widerstandsfähiges Element, besitzt eine sehr hohe Dichte und einen außerordentlich hohen Schmelzpunkt. Wegen seiner Hitzebeständigkeit wurde Wolfram für die Herstellung von Glühbirnen verwendet, obwohl Wolframglühfäden bei der Umwandlung von Strom in Licht einen miserablen Wirkungsgrad haben, da die Energie größtenteils in Wärme und nicht in Licht umgewandelt wird.

Ein zäher Brocken

Kaum eine Verbindung ist beständiger und verschleißfester als Wolframcarbid, sodass man damit von Bohrern über Sägeblätter bis hin zu Kugelschreiberspitzen alles Mögliche härtet.

75 Re RHENIUM

Kategorie: Übergangsmetalle
Entdeckungsjahr: 1925
Entdecker: das deutsche Chemikerpaar Walter und Ida Noddack sowie der deutsche Chemiker Otto Carl Berg
Fun Fact: Als Mendelejew das Periodensystem entwarf, sagte er voraus, dass es ein Element wie Rhenium geben müsse, und ließ einen Platz dafür frei. Rhenium ist das letzte stabile Element, das entdeckt wurde.

Rhenium zählt zu den seltensten Elementen auf unserer Erde. Sein hoher Schmelzpunkt und seine Dichte machen es zu einem begehrten Zusatz bei Metalllegierungen, es ist aber wegen seiner Knappheit nur begrenzt verfügbar. Mit Rhenium legierte Metalle halten extremen Temperaturen stand und werden in den Motoren von Kampfjets verbaut.

76 Os OSMIUM

In Verbindung mit Sauerstoff ist Osmium giftig und zum Teil leichtflüchtig und wird nur für Legierungen eingesetzt. Aufgrund ihrer Härte und Dichte eignen sich Osmiumlegierungen hervorragend für die Abtastnadeln von Schallplattenspielern und die Federn von Füllfederhaltern.

Kategorie: Übergangsmetalle
Entdeckungsjahr: 1803
Entdecker: der britische Chemiker Smithson Tennant

DAS PERIODENSYSTEM IN DER KRIMINALISTIK

Bei der Untersuchung von Tatorten nutzt die forensische Wissenschaft die Eigenschaften einzelner Elemente zur Spurensicherung und um Hinweise auf Verbrechen ans Licht zu bringen (im Falle von Luminol sogar wortwörtlich).

Das Element **Osmium** kommt in Form von Osmiumtetroxid bei der Erkennung von Fingerabdrücken zum Einsatz. Wenn wir mit den Fingerkuppen eine Oberfläche berühren, hinterlassen wir einen fettigen Abdruck. Osmium reagiert damit und es entsteht eine schwarze Ablagerung, die mit den Fingerabdrücken eines Verdächtigen abgeglichen werden kann.

Mittels einer Kombination mehrerer Elemente (Stickstoff, Wasserstoff, Sauerstoff und Kohlenstoff) kann **Luminol** ein anderes Element, nämlich Eisen, nachweisen, das im Hämoglobin von Blut enthalten ist. Die Luminol-Verbindung wird mit Wasserstoffperoxid gemischt und dort versprüht, wo die Ermittler Blutspuren vermuten. Das Eisen im Blut wirkt als Katalysator und löst eine Reaktion zwischen dem Wasserstoffperoxid und der Luminol-Verbindung aus, die Photonen aussendet und so das Blut im Dunkeln zum Leuchten bringt.

77 Ir IRIDIUM

In der Erdkruste ist Iridium eher selten, in Meteoriten kommt es weit häufiger vor. Nachdem weltweit in Sedimentgestein dünne Schichten mit ungewöhnlich hoher Iridium-Konzentration gefunden wurden, stellten Wissenschaftler die Hypothese auf, dass dafür ein Meteorit verantwortlich sein könnte, dessen verheerender Einschlag vor 65 Millionen Jahren zum Aussterben jener Dinosaurier führte, die nicht fliegen konnten. Die Dichte, der hohe Schmelzpunkt und die Korrosionsbeständigkeit von Iridium machen es zu einem nützlichen Bestandteil von Legierungen, doch wegen seiner geringen Verfügbarkeit wird es nur für die Spitzen von Schreibfedern, Peilkompass-Lager und Zündkerzen verwendet.

Kategorie: Übergangsmetalle
Entdeckungsjahr: 1803
Entdecker: der britische Chemiker Smithson Tennant
Fun Fact: Der größte Meteorit, der je in den Vereinigten Staaten eingeschlagen hat, der Willamette-Meteorit, enthält eine viel höhere Konzentration von Iridium als auf der Erde üblich.

Wissenschaftler vertreten die Theorie, dass ein Meteorit mit hoher Iridiumkonzentration zum Aussterben einiger Dinosaurierarten führte.

78 Pt PLATIN

Kein anderes Element genießt ein so hohes Ansehen wie Platin. Es ist ziemlich selten, auch wenn es in der Erdkruste häufiger vorkommt als Gold. Dass es sowohl wegen seiner Schönheit als auch wegen seiner vielseitigen Verwendbarkeit hochbegehrt ist, schlägt sich in seinem Marktpreis nieder.

Kategorie: Übergangsmetalle
Entdeckungsjahr: in Südamerika bereits vor Kolumbus bekannt
Entdecker: unbekannt
Fun Fact: Platin wird schon seit 2000 Jahren genutzt, wovon europäische Wissenschaftler aber bis Mitte des 17. Jahrhunderts nichts ahnten.

Nicht nur hübsch anzusehen

Platin hat viele Superkräfte, die es umso wertvoller machen. Es ist eines der wenigen Elemente, dem einfache Säuren und hohe Temperaturen nichts ausmachen – ja, man bringt es sogar nur mit viel Aufwand zum Schmelzen. Mit seinem schönen silbrig weißen Glanz ist es das perfekte Material für Schmuck, zumal das Metall weder anläuft noch korrodiert. Aber Platin ist nicht nur schön anzusehen, sondern erfüllt auch wichtige Aufgaben: Es wird ebenso als Katalysator für Brennstoffzellen zur Stromerzeugung eingesetzt wie auch als Autokatalysator. Platin findet sich außerdem in Glasfasern, in Flachbildschirmen, Turbinenschaufeln, Zündkerzen, Herzschrittmachern und Medikamenten gegen Krebs.

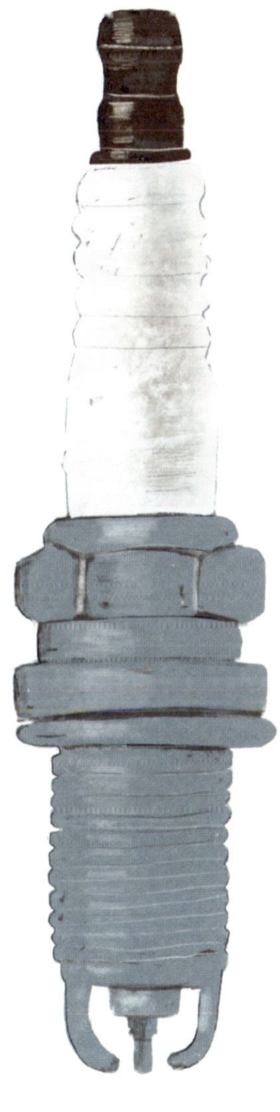

In Verbrennungsmotoren sorgen Platinzündkerzen für einen besonders starken Zündfunken.

CANADA
FINE GOLD 1 OZ OR PUR
LIBERTY
1792
2017
IN GOD WE TRUST

79 Au GOLD

Man glaubt, dass Gold eines der ersten Metalle war, das den Menschen ins Auge fiel und das sie für sich nutzten. Das klingt einleuchtend, denn Gold kann man in seiner Reinform finden: Es ist eines der reaktionsträgsten Metalle und geht in der Natur nur selten Bindungen ein. So läuft es nicht an und behält auf ewig seine goldene Farbe wie auch seinen Glanz, wodurch man es leicht von anderen Elementen unterscheiden kann. Meist muss man es nur abstauben, und sofort ist der Glanz wieder da.

Kategorie: Übergangsmetalle
Entdeckungsjahr: ca. 4500 v. u. Z.
Entdecker: unbekannt
Fun Fact: Der größte goldhaltige Gesteinsbrocken wurde 1872 in der australischen Kleinstadt Hill End gefunden. Er wog 286 Kilogramm und enthielt mehr als 90 Kilogramm Gold.

Der Goldstandard

Archäologen haben entdeckt, dass die Menschheit schon vor mehr als 5000 Jahren Goldschmuck hergestellt hat. Seinen Wert und seine Beliebtheit als dekoratives Element verdankt Gold sowohl seiner Schönheit als auch seiner Seltenheit, und zwar über alle Zeiten hinweg. Es gibt Schätzungen, wonach sämtliches Gold, das jemals gefördert wurde, in einen Würfel mit einer Seitenlänge von 25 Metern passen würde.

Mehr als nur Schmuck

Der größte Teil des weltweit geförderten Goldes – 78 Prozent! – geht in die Schmuckherstellung, aber Gold ist auch ein guter elektrischer Leiter und ein hervorragendes Material für elektrische Kontakte, da es nicht korrodiert. Man setzt Gold aber auch bei der Behandlung von Arthritis und als Zahnfüllungen und Zahnersatz ein.

Wir schwimmen in Gold

Heutzutage wird Gold vor allem mithilfe von Zyanid abgebaut, das als Lauge das Gold aus dem Gestein schwemmt. Leider ist Zyanid sehr giftig und das Verfahren höchst umweltschädlich. Weniger bekannt ist die Tatsache, dass wir auch in unseren Meeren in Gold schwimmen. In einer Billion Hektoliter Meerwasser sind – je nach Temperatur und Wassertiefe – mehrere Kilogramm Gold vorhanden. Bisher gibt es jedoch keinen Weg, es wirtschaftlich rentabel zu fördern.

80 Hg QUECKSILBER

Was Quecksilber so faszinierend macht, sind seine geheimnisvollen und auch gefährlichen Eigenschaften. Es ist das einzige Metall, das bei Raumtemperatur flüssig bleibt. Tatsächlich gefriert es bei -38,8 Grad Celsius und beginnt erst bei 357 Grad Celsius zu verdampfen! Quecksilber kann als »flüssiges Silber« übersetzt werden. Auf Griechisch heißt das *hydrargyros,* wovon wiederum der Symbolname Hg abgeleitet ist. Der englische Name *mercury* stammt vom römischen Götterboten Merkur, der sich schnell von Ort zu Ort bewegt.

Kategorie: Übergangsmetalle
Entdeckungsjahr: ca. 1500 v. u. Z.
Entdecker: unbekannt
Fun Fact: Quecksilber ist hauptsächlich in dem leuchtend roten Mineral Cinnabarit, dem Zinnober, enthalten. Zinnoberrot findet sich bereits in Höhlenmalereien in der Türkei aus den Jahren 8000 bis 7000 v. u. Z.

Verrückt wie ein Hutmacher

Einst glaubte man, dass Quecksilber das Leben verlängere und gesundheitsförderlich sei. Doch in Wirklichkeit war das Gegenteil der Fall und es vergiftete die Menschen, denen es eigentlich helfen sollte. Der »verrückte Hutmacher« in *Alice im Wunderland* war wohl nicht nur erfunden: Hutmacher waren bei der Herstellung von Filzhüten Quecksilberdämpfen ausgesetzt, weswegen sie häufig Symptome einer Quecksilbervergiftung zeigten, z. B. Verhaltens- und Persönlichkeitsveränderungen, Zittern, Seh- und Sprachstörungen, Taubheit, Koordinationsprobleme und Vergesslichkeit. Erst viel später erkannten Wissenschaftler und Mediziner, dass Quecksilber extrem gefährlich ist. Es schädigt nicht nur das Gehirn, sondern auch die inneren Organe und das Nervensystem. Dank Gesundheits- und Sicherheitsvorschriften sind Quecksilbervergiftungen heute selten geworden.

Fressen und gefressen werden

Das giftige Quecksilber gelangt durch die Verbrennung fossiler Brennstoffe (z.B. Kohle) in unsere Umwelt und findet sich dann in unserer Luft, im Wasser und im Boden wieder. In den Meeren gerät das Quecksilber in die Nahrungskette, und der Prozess der Bioakkumulation beginnt: Kleine Fische, die nur ein bisschen Quecksilber enthalten, werden von größeren Fischen gefressen, die all dieses Quecksilber in sich aufnehmen, die größeren Fische werden wiederum von noch größeren Fischen gefressen usw. Jedes Mal reichert sich mehr Quecksilber an. Der Mensch wird Teil dieser gefährlichen Nahrungskette, wenn er zu viel Fisch mit hoher Quecksilberbelastung isst, etwa Thun- oder Schwertfisch.

Vorsicht!

Quecksilber wird nach wie vor in geringem Maße eingesetzt, wenn auch unter strenger Kontrolle. Man verwendet es wegen seiner Dichte in einigen Thermo- und Barometern, und da es ein guter Stromleiter ist, gelegentlich noch in Leuchtstoff- und Quecksilberdampflampen.

81 Tl THALLIUM

Thallium zählt zu den giftigsten bekannten Elementen. Deshalb verwendet man es auch nur selten, obwohl es auf der Erde reichlich vorhanden ist. Thalliumsulfid wird in Fotozellen, bei der Glasherstellung und für medizinische Scans genutzt.

Kategorie: Metalle
Entdeckungsjahr: 1861
Entdecker: der britische Chemiker William Crookes
Fun Fact: Obwohl man davon ausging, dass Thallium giftig ist, wurde es einst bei der Behandlung von Scherpilzflechte und anderen Hautkrankheiten eingesetzt.

Giftmord leicht gemacht

Mitte des 20. Jahrhunderts galt Thallium für Giftmischer als ideales Gift. Denn das als Rattengift erhältliche Thalliumsulfat war geruch-, geschmack- und farblos, sodass man es leicht unbemerkt in die Nahrung oder das Getränk des Opfers mischen konnte. Da man die Symptome – Erbrechen, Magenschmerzen, Haarausfall und Delirium bis zum Tod – auf andere Krankheiten zurückführen kann, blieb das Gift als Mordwaffe oft unentdeckt.

82 Pb BLEI

Blei ist korrosionsbeständig und leicht zu verarbeiten, und so hat man es im Laufe der Zeit vielseitig eingesetzt. Sehr nützlich ist es etwa in den Bleischürzen, die man als Schutz vor der Strahlung beim Röntgen trägt.

Als man feststellte, wie giftig Blei ist, wurde es nach Möglichkeit durch andere Stoffe ersetzt. Denn unser Gehirn verwechselt Blei mit Calcium und pumpt es in unsere Neuronen, was zu ernsten Wahrnehmungsstörungen und anderen gesundheitlichen Problemen führt. Jahrzehntelang wurde Benzin mit Blei versetzt, um die Motorleistung zu erhöhen und den Motorverschleiß zu verringern. Die dadurch verursachte Umweltverschmutzung ist noch heute ein Problem. Und viele ältere Häuser sind mit bleihaltiger Farbe gestrichen oder haben Wasserrohre aus Blei.

Kategorie: Metalle
Entdeckungsjahr: vor mehreren tausend Jahren
Entdecker: unbekannt
Fun Fact: Erst im Februar 2023 ist in der EU ein Verbot für giftiges Bleischrot in Feuchtgebieten in Kraft getreten. Denn dieses ist jährlich für den Tod von mehr als einer Million Wasservögel in Europa verantwortlich. In der Schweiz gibt es dieses Verbot bereits seit 1998, seit Mitte 2012 darf Bleischrot dort auch nicht mehr für die Wasservogeljagd verwendet werden.

Bleischwer bis zum Untergang

Die Menschen machen sich Blei schon seit Tausenden von Jahren zunutze. In altägyptischen Gräbern finden sich Kosmetika, die aus Bleiverbindungen hergestellt wurden. Die Römer verwendeten Blei dann bereits in großen Mengen und bauten jährlich 80 000 Tonnen ab. Der niedrige Schmelzpunkt des Metalls erleichterte das Schweißen und Biegen zu Wasserleitungen. Und sogar ihren Wein süßten die Römer mit Blei. Daher vermuten manche, dass ihre Anführer aufgrund von Bleivergiftungen an neurologischen Erkrankungen litten und es letztlich deshalb zum Untergang des Römischen Reichs kam.

Bleischürzen schützen den Körper bei Röntgenaufnahmen vor Strahlenbelastung.

83 Bi

BISMUT

Da es häufiger vorkommt als andere Metalle, war Bismut ein wichtiges Metall in der Welt der Alchemie. Es wurde um 1500 von einem unbekannten Alchemisten entdeckt. Oft verwechselte man Bismut mit Blei oder Zinn, aber 1753 wies Claude-François Geoffroy nach, dass es sich um ein eigenständiges, dichtes Metall handelt.

Kategorie: Metalle
Entdeckungsjahr: um 1500
Entdecker: ein unbekannter Alchemist
Fun Fact: Da sich Bismut nicht wie andere Schwermetalle im Körper anreichert, schätzt man es bei Wasserleitungen als weniger schädliche Alternative zu Blei.

Wenn der Magen grummelt

Schon seit dem 18. Jahrhundert werden Magen- und Darmbeschwerden mit Bismut behandelt. Es neutralisiert die Magensäure und hilft auch oft bei Magen- und Zwölffingerdarmgeschwüren. In manchen Ländern gibt man Kindern bei Bauchweh gern das Medikament Pepto-Bismol: Die rosafarbene Flüssigkeit enthält ebenfalls Bismut. Dass Bismut nicht giftig ist, überrascht, denn immerhin sind seine direkten Nachbarn im Periodensystem, Blei und Polonium, hochgiftige Substanzen.

84 Po POLONIUM

Polonium, benannt nach Marie Curies Heimatland Polen, ist einer der tödlichsten Stoffe, die wir kennen. Schon weniger als ein Mikrogramm davon (was etwa der Größe eines Staubkörnchens entspricht) kann einen Menschen umbringen. Auch wenn es in Uranerz enthalten ist und bei Kernspaltungen entsteht, ist Polonium wegen seiner kurzen Halbwertszeit ein seltenes Element. Aufgrund seiner radioaktiven Strahlung wurde es unter anderem als Zünder in Atombomben verwendet.

Kategorie: Metalle
Entdeckungsjahr: 1898
Entdeckerin: die polnisch-französische Physikerin Marie Curie
Fun Fact: Eines der häufigeren Poloniumisotope ist so stark radioaktiv, dass ein Festkörper aus dem extrahierten Element die umgebende Luft zum Leuchten bringt.

Eine tödliche Geheimwaffe

2006 wurde der ehemalige KGB-Agent Alexander Litwinenko schwer krank, nachdem er zwei Russen in einem Londoner Hotel getroffen hatte. Nach 23 qualvollen Tagen verstarb er, und die Untersuchungen ergaben, dass er beträchtliche Mengen Polonium im Körper hatte. Weil Polonium selten und schwer zu gewinnen ist, kann es nur von einer Regierung stammen, die Atomwaffen besitzt.

85 At ASTAT

Wegen seiner Halbwertszeit von nur wenig mehr als acht Stunden kommt Astat in der Natur nur in kleinsten Mengen vor – auf der ganzen Erde gibt es ständig etwa 30 Gramm davon. Für das beim langsamen radioaktiven Zerfall von Uran und Thorium entstehende Astat hat man bisher noch keine Nutzungsmöglichkeit gefunden, denn wegen seiner geringen Halbwertszeit bleibt es uns nie lang erhalten.

Kategorie: Halogene
Entdeckungsjahr: 1940
Entdecker: die amerikanischen Physiker Dale R. Corson und Kenneth Ross MacKenzie sowie der italienisch-amerikanische Physiker Emilio Segré

86 Rn RADON

Radon weist die Besonderheit auf, dass es sowohl das einzige radioaktive Edelgas ist als auch achtmal so schwer wie Luft. Radon bildet sich beim Zerfall von Uran und Thorium in Granitgestein. Daher tritt Radon in der Natur oft in hohen Konzentrationen auf, aber auch in Städten, wenn die Gebäude mit Granit gebaut worden sind. Die Mineralien im Granit setzen Gase frei, die Lungenkrebs hervorrufen können, wenn man sie über längere Zeit einatmet. Ein ganzer Industriezweig befasst sich mit der Erkennung und Vermeidung von Radonbelastungen, unter anderem mittels Testgeräten, die in den betroffenen Häusern aufgestellt werden.

Kategorie: Edelgase
Entdeckungsjahr: 1900
Entdecker: der deutsche Physiker Friedrich Ernst Dorn
Fun Fact: Der Grand Central Terminal in New York ist für seine radioaktive Strahlung bekannt, weil das aus Granit erbaute Bahnhofsgebäude Radongas (in sehr geringen Mengen) freisetzt.

Granitstein

87 Fr FRANCIUM

Wie man schon am Namen erraten kann, wurde Francium in Frankreich entdeckt. Das Element hat eine Halbwertszeit von 22 Minuten, ist hoch radioaktiv und instabil. Für eine wirtschaftliche Nutzung ist seine Zeit auf Erden zu knapp bemessen. Es wird zu Forschungszwecken in Teilchenbeschleunigern (das sind Apparate, die subatomare Teilchen mithilfe elektromagnetischer Felder auf hohe Geschwindigkeiten bringen) und in Kernkraftwerken erzeugt.

Kategorie: Alkalimetalle
Entdeckungsjahr: 1939
Entdeckerin: die französische Chemikerin Marguerite Perey

88 Ra RADIUM

Radiumverbindungen leuchten im Dunkeln, weil der radioaktive Stoff Alphateilchen ausstrahlt; diese regen die Elektronen in den anderen Elementen der Verbindung an, die ihre Energie in Form von Licht abgeben. Pierre und Marie Curie entdeckten Radium, nachdem sie Uran aus einem Mineral namens Pechblende isoliert und dabei festgestellt hatten, dass die restliche Pechblende eine höhere radioaktive Strahlung aufwies als das isolierte Uran. Daraus folgerten sie, dass in Pechblende ein weiteres radioaktives Element enthalten sein muss.

Kategorie: Erdalkalimetalle
Entdeckungsjahr: 1898
Entdecker: der französische Physiker Pierre Curie und die polnisch-französische Physikerin Marie Curie
Fun Fact: Marie Curie war von dem (durch radioaktive Strahlung entstehenden) Leuchten des Radiums in ihrem nächtlichen Arbeitszimmer so entzückt, dass sie sagte: »Die glühenden Röhrchen erschienen mir wie die Lichter der Märchenfee.«

Trügerisches Licht

Im frühen 20. Jahrhundert, kurz nach seiner Entdeckung, war Radium sowohl wegen seiner Leuchtwirkung als auch wegen seiner Eigenschaft, Krebszellen abzutöten, sehr gefragt. Man nutzte es für Leuchtzifferblätter von Uhren ebenso wie als Heilmittel gegen alle möglichen Beschwerden. Doch Radium ist nicht nur eine Gefahr für Krebszellen: Viele Menschen, die in Fabriken und Gesundheitseinrichtungen mit Radium arbeiteten, wurden krank. Amerikanische Fabrikarbeiterinnen, die in den 1920er-Jahren die leuchtende Radiumfarbe auf die Zifferblätter auftrugen und dazwischen immer wieder den Farbpinsel ableckten, wie man ihnen aufgetragen hatte, erkrankten schwer und starben oft sogar. Einige dieser Frauen verklagten ihren Arbeitgeber auf Schadenersatz und wurden so als »Radium Girls« bekannt. Mit ihren Aktionen bereiteten sie den Weg für ein besseres Arbeitsrecht und mehr Sicherheit am Arbeitsplatz. Zwar wurde Radium dann nicht mehr verwendet, doch für die, die damit in Kontakt gekommen waren, hatte es schlimme gesundheitliche Folgen. Auch für Marie Curie: Sie starb an einer durch radioaktive Strahlung ausgelösten Blutkrankheit.

DIE FAMILIE CURIE

Marie Skłodowska, 1867 im polnischen Warschau geboren, war eine findige und zielstrebige junge Wissenschaftlerin. Trotz finanzieller Probleme, Sexismus und politischer Wirren folgte sie unbeirrt ihrer Leidenschaft, dem Studium von Chemie und Physik. 1849 lernte sie in Paris Pierre Curie kennen, damals Professor für Physik, der nicht nur ihr Ehemann werden sollte, sondern mit dem sie auch wissenschaftliche Forschung betrieb. Das Paar widmete sich dem Studium der radioaktiven Stoffe und entdeckte die Elemente Polonium und Radium, nachdem sie sie aus dem Mineral Pechblende isoliert hatten. Für ihre Leistungen wurde ihnen 1903 der Nobelpreis verliehen. Marie war die erste Frau, die diese Auszeichnung erhielt.

Tragischerweise kam Pierre 1906 bei einem Verkehrsunfall ums Leben, als ihn eine Pferdekutsche überfuhr. Doch Marie führte gemeinsam mit ihrer Tochter Irène ihre Arbeit fort. Die beiden konzentrierten sich darauf, wie sich Radium in der Medizin und im Gesundheitswesen therapeutisch nutzen ließ. Die schädlichen Auswirkungen radioaktiver Strahlung waren damals noch nicht bekannt. So traf auch Marie kaum Vorkehrungen, sich dagegen zu schützen. Die Unterlagen in ihrem Archiv und sogar ihr Kochbuch geben noch heute radioaktive Strahlung ab. Marie starb 1934 an aplastischer Anämie – einer Blutkrankheit –, wahrscheinlich verursacht durch die Strahlenbelastung, der sie während ihrer unermüdlichen Forschungsarbeit ausgesetzt war. Nichtsdestotrotz wird ihr Beitrag für die Wissenschaft als einer der wichtigsten in der Geschichte der Menschheit in Erinnerung bleiben.

89 Ac ACTINIUM

Actinium ist radioaktiv und erzeugt ein konstantes blaues Licht. Man kann Actinium zwar in Uranerz finden, hauptsächlich entsteht es aber in Kernreaktoren. Auch wenn seine mechanischen Eigenschaften denen von Lanthan ähneln, gibt es für Actinium kaum Verwendungszwecke, abgesehen von Strahlentherapien gegen bestimmte Krebserkrankungen.

Kategorie: Actinoide
Entdeckungsjahr: 1899
Entdecker: der französische Chemiker André-Louis Debierne

90 Th THORIUM

Im Gegensatz zu vielen anderen Actinoiden ist Thorium auf der Erde gar nicht mal so selten – es kommt 76-mal häufiger vor als Silber. In Sachen Radioaktivität steht es den anderen Actinoiden allerdings in nichts nach und wegen seiner breiten Verfügbarkeit wurde es für einige fragwürdige Zwecke genutzt (unter anderem in Zahnpasta!), ehe man die von ihm ausgehenden Gefahren voll erkannte. Wissenschaftlern zufolge wird es irgendwann möglich sein, das reichlich vorhandene Thorium für die Energiegewinnung in Atomkraftwerken einzusetzen, aber die dafür noch erforderliche Forschung und Infrastruktur sind sehr kostspielig.

Kategorie: Actinoide
Entdeckungsjahr: 1829
Entdecker: der schwedische Chemiker Jöns Jacob Berzelius

91 Pa PROTACTINIUM

Der Name Protactinium bedeutet »vor Actinium«, weil Uranatome erst in Protactiniumatome zerfallen, bevor diese zu Actiniumatomen werden. Da der Protactiniumanteil an Uranerz lediglich 0,3 bis 3,0 Millionstel beträgt, ist es ein seltenes Element, dessen Gewinnung viel Aufwand erfordert. Einen praktischen Nutzen hat es deshalb nur für neugierige Forschende in Laboren.

Kategorie: Actinoide
Entdeckungsjahr: 1913
Entdecker: der polnisch-amerikanische Chemiker Kasimir Fajans und der deutsche Chemiker Helmuth Göhring

92 U URAN

Uran ist das schwerste in der Natur vorkommende Element. Angereichertes (also verarbeitetes) Uran ist hoch radioaktiv und genießt wegen der Zerstörungskraft eines seiner Isotope nicht gerade den besten Ruf. Aus gutem Grund: Es kam bei der ersten Atombombe zum Einsatz. Die Bombe mit dem unpassenden Spitznamen »Little Boy« wurde 1945 über der japanischen Stadt Hiroshima abgeworfen. Die Bombe brachte Tod und Zerstörung und hat verheerende Langzeitfolgen für die Einwohner und die Umwelt.

Kategorie: Actinoide
Entdeckungsjahr: 1789
Entdecker: der deutsche Chemiker Martin Heinrich Klaproth
Fun Fact: Die Halbwertszeit des Isotops Uran-238 beträgt viereinhalb Milliarden Jahre, was ungefähr dem Alter der Erde entspricht.

Der Spaltstoff

Natürlich vorkommendes Uran besteht zu 99,27 Prozent aus Uran-238 und zu 0,72 Prozent aus Uran-235. Beide Isotope sind radioaktiv, aber nur Uran-235 eignet sich als Spaltstoff, d. h. dass sich der Atomkern beim Beschuss durch Neutronen spaltet und Energie und weitere Neutronen freisetzt. Durch diese Kernspaltung kommt eine Kettenreaktion in Gang, die bei Nuklearwaffen zur Explosion führt. In Atomkraftwerken kann die Kettenreaktion eingedämmt und kontrolliert und zur Energiegewinnung für Haushalte und Industrie genutzt werden.

Die Atombombe »Little Boy«

WOHER KOMMEN DIE TRANSURANE?

Die Elemente, die im Periodensystem hinter Uran stehen (Ordnungszahl 93 und höher), nennt man »Transurane« oder auch »künstlich erzeugte Elemente«. Wir betrachten sie als menschengemacht, weil sie nicht als natürliche Elemente auf der Erde entdeckt wurden, sondern das Ergebnis von Kettenreaktionen in Laboren sind. Immerhin hat man ein paar Transurane mittlerweile auch in sehr geringen Mengen auf der Erde gefunden, etwa Neptunium und Plutonium. Die künstlich erzeugten Elemente sind alle radioaktiv und zerfallen mit der Zeit in leichtere Elemente. Viele von ihnen haben im Vergleich zum Alter der Erde eine so kurze Halbwertszeit, dass sämtliche Atome, die bei der Entstehung der Erde vor 4,6 Milliarden Jahren existiert haben mögen, inzwischen längst zerfallen sind.

Aber wie stellt man ein Element her?

Wie wir wissen, wird ein Element danach bestimmt, wie viele Protonen sein Atomkern besitzt, und entsprechend wird ihm eine Ordnungszahl zugewiesen (Wasserstoff hat ein Proton, also die Ordnungszahl 1, und so geht es im Periodensystem weiter). Will man ein neues Element erzeugen, muss man den Atomkern mit noch mehr Protonen aufladen. Das gelang Forschern mit dem Uranisotop U-238, indem sie es in einem Atomreaktor mit Neutronen beschossen, bis der Atomkern radioaktiv wurde und sein zusätzliches Neutron in ein Proton umwandelte – und ein neues Element entstand. Allerdings funktionierte diese Methode nur bis zum Element Fermium (Ordnungszahl 100). Danach begann man, Elemente in Teilchenbeschleunigern aufeinanderprallen zu lassen, um die Kerne der beiden Atome zu einem Riesenkern zu verschmelzen und auf diese Weise neue Atome zu erschaffen.

Kommt da noch mehr?

Die Wissenschaftler haben es bislang geschafft, 118 Protonen in einen Atomkern zu drängen (beim Element Oganesson), aber alle Elemente über der Ordnungszahl 100 sind so instabil, dass sie oft nur für ein paar Millisekunden existieren. Je dichter man einen Kern mit Protonen vollpackt, desto unwahrscheinlicher ist es, dass dabei ein stabiles Element entsteht. Doch eifrige Forschende bemühen sich noch immer darum, das Periodensystem zu erweitern.

TEILCHEN-BESCHLEUNIGER

Ein Teilchenbeschleuniger ist ein Apparat, der Elementarteilchen wie Elektronen, Protonen oder Atomkerne beschleunigt, sodass sie eine hohe Bewegungsenergie erreichen. Es gibt Linearbeschleuniger (die Teilchen auf einer geraden Linie beschleunigen) und Kreisbeschleuniger (hier wird die Linie gewissermaßen zu einem Kreis »umgebogen«). Der erste Kreisbeschleuniger hatte eine Länge von gerade mal 12 Zentimeter, aber heute arbeiten die Wissenschaftler in Anlagen mit einem Durchmesser von 8 Kilometer!

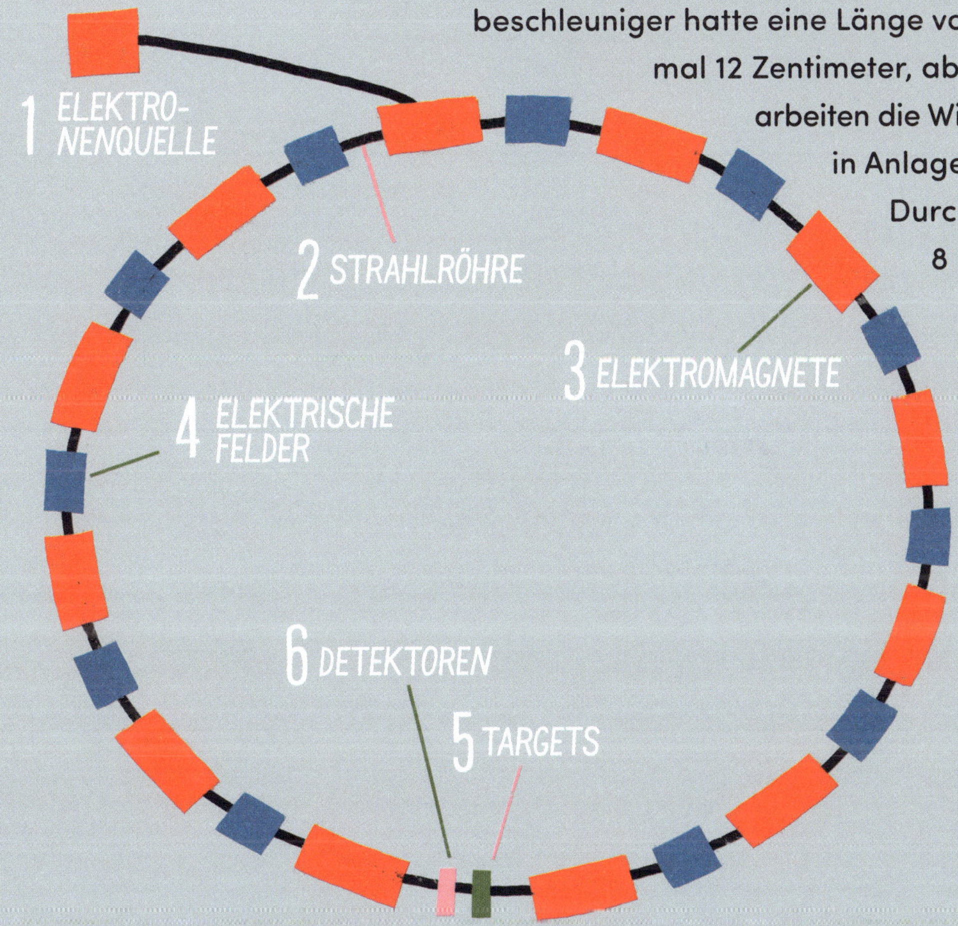

1. Elektronenquelle
Von hier kommen die Teilchen (Elektronen, Protonen oder Atomkerne).

2. Strahlröhre
In diesem Metallrohr bewegen sich die Teilchen in einer Vakuumumgebung (also in einem leeren Raum ohne Luft oder sonstige Materie).

3. Elektromagnete
Elektromagnete lenken den Teilchenstrahl und halten ihn auf der Bahn.

4. Elektrische Felder
Elektrische Felder wechseln mit einer bestimmten Frequenz zwischen positiver und negativer Ladung hin und her und erzeugen damit Radiowellen, die die Teilchen antreiben und beschleunigen.

5. Targets
Mit den Teilchen kann ein festes Ziel (Target) beschossen werden oder es können zwei Teilchenstrahlen aufeinanderprallen, wodurch neue Elemente entstehen.

6. Detektoren
Teilchendetektoren erkennen und dokumentieren, welche Teilchen und welche Strahlungen beim Aufprall entstehen.

93 Np NEPTUNIUM

Neptunium gehört zu den letzten Actinoiden, die auf der Erde natürlich vorkommen. Allerdings ist es nur in Spuren vorhanden, und zwar in Uranerz, weil es beim Zerfall von Uran in Plutonium entsteht. Verwendung findet Neptunium in Neutronendetektoren (Apparate, die Neutronen nachweisen und messen).

Kategorie: Actinoide
Entdeckungsjahr: 1940
Entdecker: die amerikanischen Physiker Edwin McMillan und Philip Abelson

94 Pu PLUTONIUM

Plutonium entsteht in Kernreaktoren bei der radioaktiven Zerfallsreihe von Uran. Anfangs konnten Wissenschaftler nur geringe Mengen Plutonium erzeugen, die mit bloßem Auge nicht sichtbar waren. Der erste sichtbare Ertrag wog etwa drei Millionstel Gramm, doch binnen weniger Jahre hatten die Amerikaner genug davon produziert, um die Atombombe »Fat Man« zu bauen, die 1945 über der japanischen Stadt Nagasaki abgeworfen wurde.

Kategorie: Actinoide
Entdeckungsjahr: 1940
Entdecker: der amerikanische Chemiker Glenn Seaborg und sein Team
Fun Fact: Privatpersonen ist der Besitz von Plutonium verboten. Aber es gibt eine Ausnahme: Einige Menschen haben in ihrem Körper mit Plutoniumbatterien betriebene Herzschrittmacher, die in den 1970er-Jahren implantiert wurden.

Riskante Sache

Zwei Plutoniumisotope, Plutonium-239 und Plutonium-241, sind spaltbar, d. h. sie eignen sich für die nukleare Kettenreaktion. Mehr als ein Drittel der weltweit in Atomkraftwerken produzierten Energie stammt aus Plutonium. Allerdings ist der Plutoniumabfall nicht nur radioaktiv, sondern für Menschen auch giftig: Wenn er eingeatmet oder verschluckt wird, reichert er sich in Leber und Knochen an. Wegen seiner langen Halbwertszeit bleibt Plutoniummüll über Hunderttausende von Jahren eine Gefahr für den Menschen.

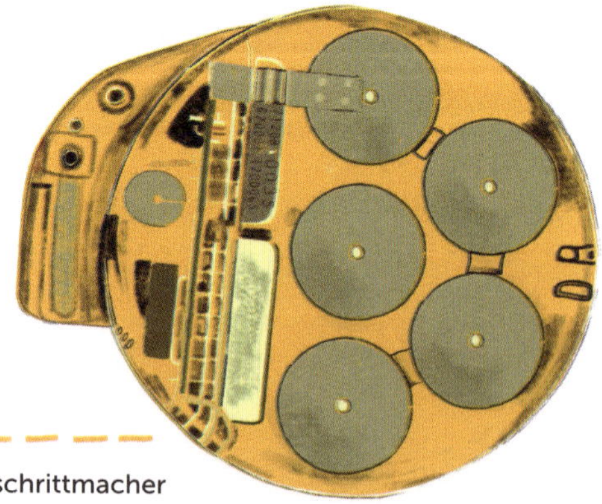

Herzschrittmacher

RADIOAKTIVITÄT

Volles Haus

Ein Element erzeugt radioaktive Strahlung, wenn sich in seinem Atomkern zu viele Nukleonen (die Protonen und Neutronen eines Kerns) tummeln und es dadurch instabil wird. Ab dem Element Polonium (Ordnungszahl 84) sind alle im Periodensystem folgenden Elemente radioaktiv. Wenn Isotope instabil werden, setzen sie durch radioaktiven Zerfall Energie in Form von Strahlen frei. Diese können tödlich sein, unsere Zellen durchdringen und Krebs verursachen. Aber man kann sie auch gezielt einsetzen, um Krebs zu bekämpfen oder Energie zu gewinnen. Man unterscheidet drei Arten von radioaktiver Strahlung: Alpha–, Beta– und Gammastrahlen. Beim *Alphazerfall* hat ein Atomkern entweder zu viele Protonen oder seine Protonen und Neutronen stehen in einem instabilen Verhältnis zueinander. Weil also das Atom einen stabileren Zustand erreichen möchte, stößt der Kern ein sogenanntes Alphateilchen ab, das aus zwei Protononen und zwei Neutronen besteht. Beim *Betazerfall* wiederum drängeln sich zu viele Neutronen im Kern, deshalb verlassen schnelle, energiereiche Elektronen (die Betateilchen) den Kern. Hingegen ist der *Gammazerfall* das Resultat von zu viel Energie im Kern. Während dieses Zerfalls werden Gammastrahlen erzeugt, die eine hochenergetische Form von Licht sind.

Voll lange Halbwertszeit!

Die Halbwertszeit eines radioaktiven Elements gibt an, wie lange es dauert, bis die Hälfte seiner Atome zerfallen sind. Beim Alpha- und Betazerfall führt die veränderte Protonenanzahl zur Bildung eines neuen Elements. Uran-238 beispielsweise durchläuft eine ganze Reihe von Elementumwandlungen, es wird unter anderem zu Thorium, Protactinium, Radium, Radon, Polonium und Bismut und am Ende zum stabilen Element Blei. Elemente mit kurzer Halbwertszeit sind tödlich, weil sie ihre gefährliche Energie schnell abgeben. Hingegen können Elemente mit langer Halbwertszeit, wie sie etwa bei der Kernspaltung entstehen, eine langfristige Bedrohung für ihre Umwelt sein, weil sie oft erst nach Tausenden von Jahren zerfallen.

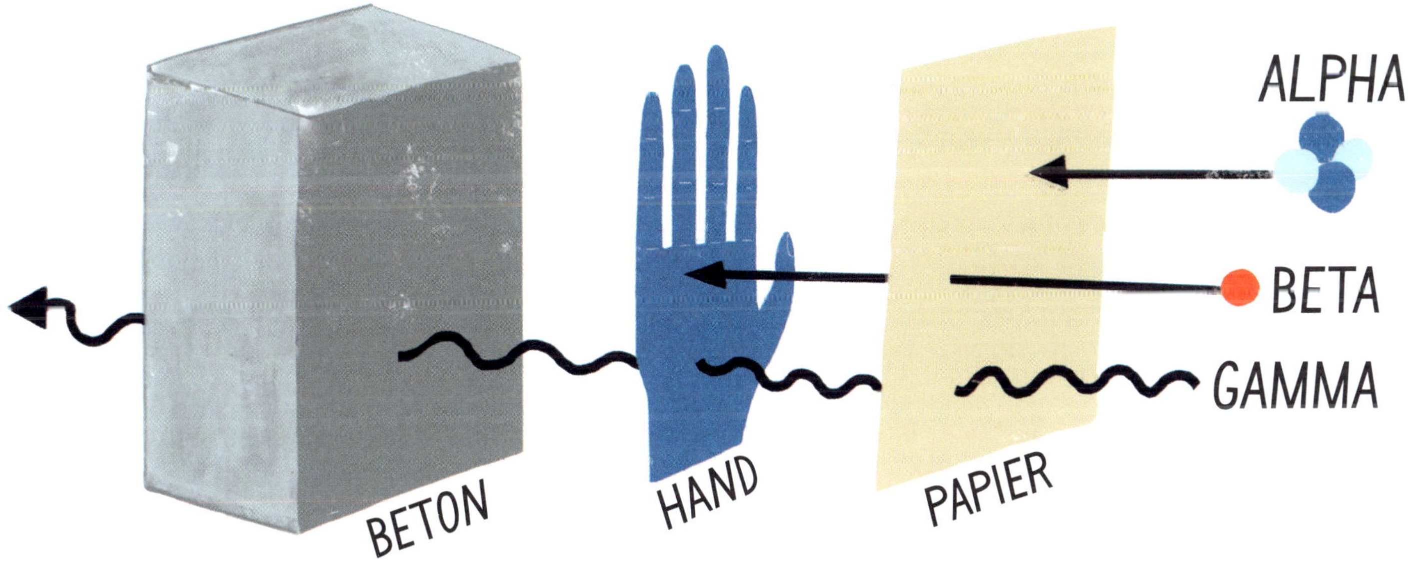

95 Am AMERICIUM

Americium ist das einzige Actinoid, das du vielleicht bei dir zu Hause findest. Zwar ist es wie seine Actinoiden-Kumpel radioaktiv, doch in einer winzigen Dosis kann es Leben retten. In haushaltsüblichen Rauchmeldern erzeugt ein winziger, in Gold gegossener Knopf aus Americium einen radioaktiven Strom, der die Luft in einer Kammer ionisiert (d. h. er verändert die Anzahl der Elektronen eines Luftmoleküls und dadurch dessen Ladung), sodass in dem Detektor ein elektrischer Strom fließt. Geraten Rauchpartikel in die Kammer, wird die Luft entionisiert, was den Alarm auslöst.

Kategorie: Actinoide
Entdeckungsjahr: 1944
Entdecker: der amerikanische Chemiker Glenn Seaborg und sein Team

96 Cm CURIUM

Was immer an natürlichem Curium auf der Erde existiert haben muss, ist schon längst zerfallen. Heute entsteht es nur noch in Kernreaktoren. Das extrem radioaktive Curium setzt eine Menge Energie frei, die sich aber praktisch kaum nutzen lässt, weil das Element so selten ist und sehr langlebigen radioaktiven Abfall erzeugt. Allerdings gibt es Überlegungen, Curium als Antrieb für Raumfahrzeuge zu verwenden.

Kategorie: Actinoide
Entdeckungsjahr: 1944
Entdecker: der amerikanische Chemiker Glenn Seaborg und sein Team
Fun Fact: Curium wurde zwar nicht vom Ehepaar Curie entdeckt, aber es wurde nach den Curies benannt.

97 Bk BERKELIUM

Berkelium verdankt seinen Namen dem Ort seiner Entdeckung: die University of California in Berkeley. Dort beschoss man in einem Teilchenbeschleuniger ein Americiumisotop mit Alphateilchen (Heliumkernen) und erschuf so eine winzige Probe dieses Elements. In der Natur kommt Berkelium nicht vor. Weil es lediglich in winzigen Mengen produziert werden kann, steht den Wissenschaftlern zu wenig Material zur Verfügung, um auch nur seinen Siedepunkt zu bestimmen.

Kategorie: Actinoide
Entdeckungsjahr: 1949
Entdecker:: die amerikanischen Chemiker Stanley Thompson, Albert Ghiorso und Glenn Seaborg

98 Cf CALIFORNIUM

Der amerikanische Bundesstaat Kalifornien war namensgebend für das Element, das wie Berkelium erstmals an der University of California in Berkeley erzeugt wurde. Dafür wurde Curium in einem Teilchenbeschleuniger mit Alphateilchen beschossen. Wie die anderen Actinoide ist Californium radioaktiv, doch es eignet sich auch zu anderen Zwecken als nur zur Forschung. So kann es als starke Neutronenquelle die Kettenreaktion in Atomkraftwerken in Gang setzen.

Kategorie: Actinoide
Entdeckungsjahr: 1952
Entdecker: die amerikanischen Chemiker Stanley Thompson, Kenneth Street Jr., Albert Ghiorso und Glenn Seaborg

99 Es EINSTEINIUM

Einsteinium wurde im Atompilz der Wasserstoffbombe »Ivy Mike« entdeckt – der ersten Nuklearbombe, die auf dem Prinzip der Kernfusion (der Verschmelzung von Atomen) basierte und nicht auf dem der Kernspaltung. Die Entdecker beschlossen, das neue Element nach dem aus Deutschland stammenden Physiker Albert Einstein zu benennen. Einsteins Relativitätstheorie, die sich mit der Gleichung $E = mc^2$ zusammenfassen lässt, ermöglichte erst das Verständnis nuklearer Kettenreaktionen.

Kategorie: Actinoide
Entdeckungsjahr: 1952
Entdecker: der amerikanische Chemiker Albert Ghiorso und sein Team

100 Fm FERMIUM

Wie Einsteinium wurde auch Fermium im radioaktiven Niederschlag der Wasserstoffbombe »Ivy Mike« entdeckt. Und auch diesem Element gab man den Namen eines berühmten Physikers: Enrico Fermi, ein italienisch-amerikanischer Pionier der Kernphysik. 1942 baute Fermi in einem Squash-Court der University of Chicago den ersten Kernreaktor der Welt.

Kategorie: Actinoid
Entdeckungsjahr: 1952
Entdecker: der amerikanische Chemiker Albert Ghiorso und sein Team

DIE TÖDLICHSTEN ELEMENTE

Der erste Platz geht hier an einen mehrfachen Meister: Wie alle Elemente ab der Ordnungszahl 84 ist **Plutonium** radioaktiv, es gibt gefährliche Alpha-, Beta- und Gammastrahlen ab. Zudem ist es giftig, besonders wenn es eingeatmet wird. Auch für Atomwaffen ist es die erste Wahl.

Was **Polonium** so gefährlich macht, ist seine enorme Wirksamkeit. Ein einziges Gramm Polonium-210 kann 10 Millionen Menschen umbringen.

Ein klassisches Gift in Krimis ist **Arsen,** und das ist nicht nur ausgedacht. Wenn man es verschluckt, löst es heftige Magenschmerzen aus und führt schließlich zum Tod.

Fluor, dasselbe Element, das unsere Zähne schützt, ist giftig, ätzend, explosiv und tödlich, wenn man es einatmet.

Bevor man wusste, wie giftig **Blei** ist, wurde es für alles Mögliche verwendet: für Farbe, Leitungsrohre, Spielzeug und sogar für Geschirr und Besteck. In hoher Dosis ist es lebensbedrohlich, doch auch kleinere Mengen können für Kinder gefährlich sein und ihre Gehirnentwicklung dauerhaft schädigen.

ELEMENTE 101 BIS 118

Wir sind am Ende des Periodensystems angekommen, wo die Elemente für uns keinen praktischen Nutzen mehr haben. Ein Großteil dieser Elemente hat nur für begrenzte Zeit als eine Handvoll Atome existiert, und bei vielen ist die Lebenszeit so kurz und die vorhandene Menge so gering, dass man sie nicht chemisch analysieren kann. Sie alle wurden in Teilchenbeschleunigern künstlich erzeugt und oft nach Wissenschaftlern oder Orten benannt, die mit ihrer Erschaffung und den jeweiligen Forschungslaboren in Verbindung standen: die University of California (UC) in Berkeley, das Lawrence Livermore National Laboratory und das Oak Ridge National Laboratory in den USA; das Vereinigte Institut für Kernforschung in Dubna bei Moskau (JINR), das japanische Institute of Physical and Chemical Research (RIKEN) und die Gesellschaft für Schwerionenforschung (GSI) in Deutschland.

Wer welche Elemente wann entdeckt hat, ist oft umstritten und wird je nach Quelle unterschiedlich dargestellt. So stößt man manchmal auf unterschiedliche Jahreszahlen oder sogar unterschiedliche Entdeckungsorte. Wir haben uns hier an den Angaben der britischen Royal Society of Chemistry orientiert.

NAME	ORDNUNGSZAHL	SYMBOL	KATEGORIE	ENTDECKUNGSJAHR	ENTDECKUNGSORT	NAMENSGEBER
MENDELEVIUM	101	Md	Actinoide	1955	UC Berkeley, USA	der russische Chemiker Dmitri Mendelejew
NOBELIUM	102	No	Actinoide	1966	JINR, Russland	der schwedische Chemiker Alfred Nobel
LAWRENCIUM	103	Lr	Actinoide	1961	UC Berkeley, USA/JINR, Russland	der amerikanische Physiker Ernest Lawrence
RUTHERFORDIUM	104	Rf	Übergangsmetall	1964	UC Berkeley, USA/JINR, Russland	der neuseeländische Physiker Ernest Rutherford
DUBNIUM	105	Db	Übergangsmetall	1968–70	UC Berkeley, USA/JINR, Russland	die russische Stadt Dubna
SEABORGIUM	106	Sg	Übergangsmetall	1974	Lawrence Berkeley National Laboratory, USA	der amerikanische Chemiker Glenn Seaborg
BOHRIUM	107	Bh	Übergangsmetall	1981	GSI, Deutschland	der dänische Physiker Niels Bohr

HASSIUM	108	Hs	Übergangs-metall	1984	GSI, Deutschland	das deutsche Bundesland Hessen
MEITNERIUM	109	Mt	unbekannt	1982	GSI, Deutschland	die österreichische Physikerin Lise Meitner
DARMSTADTIUM	110	Ds	unbekannt	1994	GSI, Deutschland	die deutsche Stadt Darmstadt
ROENTGENIUM	111	Rg	unbekannt	1994	GSI, Deutschland	der deutsche Physiker Wilhelm Conrad Röntgen
COPERNICIUM	112	Cn	Übergangs-metall	1996	GSI, Deutschland	der polnische Astronom Nikolaus Kopernikus
NIHONIUM	113	Nh	unbekannt	2004	RIKEN, Japan	*nihon*, das japanische Wort für Japan
FLEROVIUM	114	Fl	unbekannt	1999	JINR, Russland	der russische Physiker Georgi Fljorow
MOSCOVIUM	115	Mc	unbekannt	2003	JINR, Russland/Lawrence Livermore National Laboratory, USA	die russische Stadt Moskau
LIVERMORIUM	116	Lv	unbekannt	2000	JINR, Russland/Lawrence Livermore National Laboratory, USA	die kalifornische Stadt Livermore
TENNESS	117	Ts	unbekannt	2010	JINR, Russland/Lawrence Livermore National Laboratory, USA/Oak Ridge National Laboratory, USA	der US-Bundesstaat Tennessee, auch Sitz des Oak Ridge National Laboratory
OGANESSON	118	Og	unbekannt	2006	JINR, Russland/Lawrence Livermore National Laboratory, USA	der russische Kernphysiker Juri Oganesjan

WICHTIGE BEITRAGENDE ZUM PERIODENSYSTEM

Im Alter von fünfzehn Jahren begann der deutschstämmige Chemiker **Carl Wilhelm Scheele (1742–1786)** eine Lehre bei einem Apotheker in Schweden, wo er sich umfassende Chemiekenntnisse aneignete. Der berühmte Wissenschaftler Isaac Asimov bezeichnete ihn als »Pech-Scheele«, weil er viele Elemente entdeckt hatte, für die andere die Lorbeeren einheimsten, etwa Sauerstoff, Wolfram, Barium und Wasserstoff. Glücklicherweise schrieb man ihm wenigstens das Verdienst zu, Chlor und Molybdän entdeckt zu haben.

Der deutsche Chemiker **Martin Heinrich Klaproth (1743–1817)** entdeckte nicht nur die Elemente Uran, Zirconium und Cer, sondern zählte auch zu den angesehensten Chemikern seiner Zeit. Er verfasste mehr als zweihundert Schriften, darunter ein fünfbändiges chemisches Wörterbuch.

Der britische Chemiker **Sir Humphry Davy (1778–1829)** war der Entdecker oder Mitentdecker von Barium, Calcium, Magnesium, Kalium und Natrium. Als junger Mann ging er bei einem Chirurgen in die Lehre und brachte sich in seiner Freizeit nicht nur Kenntnisse in Chemie bei, sondern auch in Theologie, Philosophie sowie in der Dichtkunst und lernte sieben Fremdsprachen!

Als einer der Begründer der modernen Chemie gilt der schwedische Chemiker **Jöns Jacob Berzelius (1779–1848).** Er entdeckte Selen, Silizium, Cer und Thorium. Bekanntheit erlangte er auch dadurch, dass er bahnbrechende Experimente in Elektrochemie (die Lehre von der Wechselwirkung zwischen elektrischer Energie und chemischen Vorgängen) durchführte, als einer der ersten europäischen Wissenschaftler die Atomtheorie akzeptierte und die Notwendigkeit erkannte, ein neues System für Elementsymbole einzuführen.

Einer von Berzelius' Studenten war **Carl Gustaf Mosander (1797–1858),** der Entdecker der Elemente Lanthan, Erbium und Terbium. 1832 übernahm er von Berzelius den Lehrstuhl für Chemie und Pharmazie am Karolinska-Institut in Stockholm.

Sir William Ramsay (1852–1916) war ein britischer Chemiker, der sich mit der Isolierung der Elemente Argon, Helium, Neon, Krypton und Xenon befasste und damit eine neue Kategorie im Periodensystem begründete: die Edelgase. 1904 erhielt er den Nobelpreis für Chemie.

Die österreichische Physikerin **Lise Meitner (1878–1968)** widmete sich der Radioaktivitätsforschung und der Kernphysik und entdeckte die Kernspaltung. Sie war die erste Professorin für Physik in Deutschland, und später wurde das Element Meitnerium nach ihr benannt.

Die deutsche Physikerin und Chemikerin **Ida Noddack (1896–1978)** entdeckte zusammen mit ihrem Ehemann Walter Noddack das Element Rhenium. Für ihre Arbeit wurde sie dreimal für einen Nobelpreis nominiert. Sie formulierte 1934 als Erste die Idee der Kernspaltung.

Berta Karlik (1904–1990) war eine österreichische Physikerin und enge Mitarbeiterin von Lise Meitner, die herausfand, dass Astat das Ergebnis eines natürlichen Zerfallsprozesses ist. Mit ihren Kenntnissen in Ozeonografie wie auch in der Radioaktivitätsforschung trug sie dazu bei, die Meerwasserkontamination durch Uran öffentlich zu machen.
Sie wurde die erste Professorin an der Universität Wien.

Die französische Physikerin **Marguerite Perey (1909–1975)** hatte bei Marie Curie studiert. Sie entdeckte das Element Francium. 1962 nahm man sie als erste Frau in die französische Académie des sciences auf, eine Ehre, die ihrer Mentorin Curie noch verwehrt geblieben war.

Der US-Chemiker **Glenn Seaborg (1912–1999)** war wesentlich an der Entdeckung von zehn Transuranen (Elemente mit einer Ordnungszahl höher als 92) beteiligt, wofür er 1951 zusammen mit einem Kollegen mit dem Nobelpreis für Chemie ausgezeichnet wurde. Im Lauf seiner Arbeit entwickelte er den Begriff der Actinoide und die Anordnung der Actinoiden-Kategorie des Periodensystems. Das Element Seaborgium trägt seinen Namen ihm zu Ehren.

Albert Ghiorso (1915–2010) war ein US-amerikanischer Kernforscher und Mitentdecker von sage und schreibe zwölf Elementen des Periodensystems: Americium, Curium, Berkelium, Californium, Einsteinium, Fermium, Mendelevium, Nobelium, Lawrencium, Rutherfordium, Dubnium und Seaborgium.

Die US-amerikanische Spezialistin für Kernchemie **Darleane C. Hoffman (geb. 1926)** gehörte zu der Forschungsgruppe, die die Existenz von Seaborgium bestätigte. Sie und ihr Team analysierten Transurane, wobei sie vieles über das Wesen der Kernspaltung herausfanden, was zu unserem heutigen Wissen über Kernenergie beigetragen hat. (Mehr zu den rasch zerfallenden und sehr kurzlebigen Transuranen auf S. 128.)

Die amerikanische Chemikerin **Dawn Shaughnessy (geb. 1971)** leitet das Forschungsteam am Lawrence Livermore Laboratory, das 2016 drei neue Elemente entdeckte: die Elemente Nummer 115, 117 und 118 mit den Namen Moscovium, Tenness und Oganesson. Insgesamt hat sie an der Entdeckung von 6 der 26 Elemente mitgewirkt, die seit 1940 Eingang ins Periodensystem gefunden haben.

FRAUEN UND DAS PERIODENSYSTEM

Seit den Zeiten der Alchemie haben Frauen ihren Teil dazu beigetragen, Elemente zu entdecken und zu verstehen. Doch leider wurden uns ihre Namen und ihre Errungenschaften oft nicht überliefert. Als im 19. und frühen 20. Jahrhundert die Chemie als Wissenschaft begründet wurde, galt es für Frauen als unschicklich, einen Beruf in diesem Bereich auszuüben. Oft durften sie in den Laboren nur untergeordnete Hilfsdienste verrichten. Marie Curie (mehr über sie und ihren beruflichen Werdegang auf S. 125) war die Vorreiterin für viele Frauen und eine treibende Kraft für den Wandel. Aber Frauen müssen oft auch heute noch um Chancen und um Anerkennung im Fachgebiet Chemie kämpfen.

GLOSSAR

Alchemie: eine Mischung aus Mystik und wissenschaftlicher Forschung, die insbesondere die Umwandlung unedler Metalle in Gold zum Ziel hatte. Jemand, der Alchemie betreibt, wird Alchemist oder Alchemistin genannt.

Alkali: ein Stoff mit einem pH-Wert größer als 7. Mischt man Alkalien (auch Basen oder Laugen genannt) mit Säuren, entstehen chemische Salze.

Allotrope: unterschiedliche Formen ein und desselben Elements. Allotrope von Kohlenstoff beispielsweise sind Graphit, Kohle und Diamant. Die Formen unterscheiden sich in der Art und Weise, wie ihre Atome aneinandergebunden sind.

Alphateilchen: ein Heliumkern (aus zwei Protonen und zwei Neutronen), der von manchen radioaktiven Stoffen ausgesandt wird.

Antimikrobiotikum: ein Mittel zum Abtöten von Mikroorganismen wie Bakterien, Pilzen und teils auch Viren.

Atom: die kleinste Einheit eines Elements, bestehend aus einem Kern aus Protonen und Neutronen, um den Elektronen kreisen.

Atommasse (oder Atomgewicht): eine Maßeinheit für die Masse (das Gewicht) eines Atoms, die sich aus der Gesamtzahl der Neutronen und Protonen im Atomkern ergibt.

Atomtheorie: die Theorie, wonach alle Materie aus unteilbaren Atomen besteht.

chemische Verbindung: ein Stoff, der aus zwei oder mehr Elementen besteht, die auf atomarer Ebene miteinander verbunden sind (im Unterschied zum Gemisch).

Dichte: die physikalische Eigenschaft eines Stoffes, die angibt, in welchem Verhältnis seine Masse zu seinem Volumen steht. Je mehr Masse ein Stoff mit einem bestimmten Volumen hat, desto dichter ist er.

elektrische Ladung: die physikalische Eigenschaft, die für die Krafteinwirkung auf Stoffe sorgt, sobald diese sich in einem elektromagnetischen Feld befinden.

Elektrolyt: ein Stoff, der Strom leiten kann.

elektromagnetische Kraft: eine Kraft, die auf subatomare Teilchen wie Protonen und Elektronen einwirkt und sie zusammenhält.

Elektron: ein subatomares Teilchen, das negativ geladen ist.

Elektronenschale: der Bereich eines Atoms, in dem sich Elektronen befinden. Atome können eine ganze Reihe von Schalen besitzen, die unterschiedlich weit vom Kern entfernt sind.

Element: ein Stoff, der nicht mit chemischen Methoden in noch kleinere Teile zerlegt werden kann und der aus Atomen besteht, die alle dieselbe Ordnungszahl haben.

Elementgruppe: die Elemente, die sich in einer senkrechten Spalte des Periodensystems befinden.

Enzym: ein Eiweißstoff, der chemische Vorgänge beschleunigt.

Erdkern: die innerste Schicht der Erde.

Erdkruste: die äußerste Schicht der Erde.

Erz: ein metallhaltiges Gestein oder Mineral.

ferromagnetisch: Man bezeichnet einen Stoff als ferromagnetisch, wenn er sich leicht magnetisieren lässt.

Gammastrahlung: elektromagnetische Strahlung, die durch den radioaktiven Zerfall von Atomkernen entsteht.

Glasfaser: biegsames Glas- oder Kunststoffgewebe, das in der Telekommunikation zur Übertragung von Lichtsignalen verwendet wird.

Halbleiter: ein Feststoff, dessen Stromleitfähigkeit zwischen der eines Leiters (z. B. Metall) und der eines Isolators (z. B. Glas) liegt.

Halbwertszeit: die Zeitspanne, innerhalb derer die Hälfte der Atome eines radioaktiven Stoffes zerfällt.

inert: ein Stoff ist inert, wenn er reaktionsträge ist, also nicht leicht mit anderen Stoffen reagiert.

Ion: ein Atom oder Molekül, in dem ein Ungleichgewicht zwischen den positiv geladenen Protonen und den negativ geladenen Elektronen besteht, sodass das Atom oder Molekül eine elektrische Ladung aufweist.

Isotop: eine abgewandelte Form eines Elements, die zwar dieselbe Anzahl an Protonen im Atomkern hat wie das ursprüngliche Element, aber eine unterschiedliche Anzahl an Neutronen und deshalb eine unterschiedliche Atommasse.

Katalysator: ein Element, das eine chemische Reaktion in Gang bringt, dabei selbst aber unverändert bleibt.

Kern (oder Nukleus): das dichte Zentrum eines Atoms, bestehend aus Protonen und Neutronen.

Kernfusion: ein Vorgang, bei dem man zwei leichte Atomkerne zu einem schwereren Element verschmilzt, wobei beträchtliche Energie freigesetzt wird.

Kernreaktor: eine Anlage, in der durch nukleare Kettenreaktionen Energie erzeugt wird.

Kernspaltung: der Vorgang der Spaltung eines Atomkerns, bei dem Energie und Neutronen freigesetzt werden.

Korrosion: die Zersetzung eines Metalls infolge chemischer Reaktionen.

Legierung: eine Mischung aus zwei Metallen oder einem Metall und einem anderen Element.

Masse: ein Maß für die Menge an Materie, die sich in einem Körper befindet.

Mineral: ein natürlich vorkommender (nicht menschengemachter) Kristallfestkörper mit einer bestimmten chemischen Zusammensetzung.

Molekül: die chemische Verbindung von zwei oder mehr Atomen.

negativ geladen: der Zustand eines Atoms, wenn es ein oder zwei zusätzliche Elektronen aufgenommen hat.

Neutron: ein subatomares Teilchen ohne elektrische Ladung.

Nobelpreis: ein von schwedischen und norwegischen Institutionen vergebener internationaler Preis, mit dem alljährlich herausragende Leistungen in verschiedenen kulturellen und wissenschaftlichen Bereichen gewürdigt werden.

Ordnungszahl (auch Atomzahl oder Kernladungszahl): die Anzahl der Protonen im Kern eines Atoms.

organische Substanz: ein Stoff, der von einem einstmals lebenden Organismus stammt.

Periode: die Elemente, die sich in einer waagrechten Reihe des Periodensystems befinden; ihre Atome besitzen alle die gleiche Anzahl an Elektronenschalen.

pH-Wert: ein Maß dafür, wie sauer oder basisch eine Lösung ist, was sich über ihren Anteil an Wasserstoffionen feststellen lässt.

Platinmetalle: die dichtesten und seltensten Metalle im Periodensystem, zu denen Iridium, Osmium, Palladium, Platin, Rhodium und Ruthenium gehören.

Polymer: ein widerstandsfähiger Stoff, bei dem viele sich wiederholende Einheiten zu einem großen Molekül aneinandergereiht sind.

positiv geladen: der Zustand eines Atoms oder Moleküls, das eines seiner Elektronen oder auch mehrere abgegeben hat.

Proton: ein subatomares Teilchen mit positiver Ladung.

radioaktiver Zerfall: der Vorgang, wenn ein instabiler Atomkern Energie verliert, indem er Strahlung abgibt.

Reaktivität: die Bereitschaft eines Stoffes, eine chemische Bindung mit einem anderen Atom oder Molekül einzugehen.

Säure: eine chemische Substanz, die Wasserstoff enthält und bei der Reaktion mit anderen Stoffen Salze bilden kann. Wenn man Säuren mit Wasser mischt, ist ihr pH-Wert niedriger als 7 und sie setzen positiv geladene Wasserstoffionen frei.

Siedepunkt: die Temperatur, bei der ein Stoff vom flüssigen in den gasförmigen Aggregatzustand übergeht.

Stabilität: gibt an, wie widerstandsfähig ein Stoff gegen Veränderung oder Verfall ist.

Stoffwechsel: die Gesamtheit der chemischen Umwandlungen von Stoffen im Körper.

Strahlung: Energie in Form von elektromagnetischen Wellen oder subatomaren Teilchen.

subatomares Teilchen: ein Teilchen, das kleiner ist als ein Atom (z. B. Neutron, Proton).

Teilchenbeschleuniger: ein Apparat, in dem mithilfe elektromagnetischer Felder subatomare Teilchen auf hohe Geschwindigkeiten gebracht werden.

Transurane: Elemente mit einer Ordnungszahl größer als 92, die dazu neigen, schnell zu zerfallen und sich in andere Elemente zu verwandeln.

Valenzelektronen: die Elektronen in der äußersten Schale eines Atoms, der Valenzschale.

Valenzschale: die äußerste Elektronenschale eines Atoms.

Verhüttung: das Erhitzen von Erz, um daraus Metall zu gewinnen.

v. u. Z.: vor unserer Zeit, also vor dem Jahr eins unserer Zeitrechnung.

Volumen: die Menge an dreidimensionalem Raum, den ein Festkörper, eine Flüssigkeit oder ein Gas einnimmt.

INDEX

A

B

C

D

E

T

U

V

W

X

Y

Z

Lisa Congdon ist als Künstlerin und Illustratorin bekannt für ihre farbenfrohen Bilder und Zeichnungen sowie für ihre Schriftkunst. Weitere publizierte Titel sind *Find Your Artistic Voice, Whatever You Are, Be a Good One und Art Inc.* Lisa lebt in Portland in den USA.